dtv

dtv

portrait

Herausgegeben von Martin Sulzer-Reichel

Peter Schneider, geboren 1957 in Dorsten, arbeitet als Psychoanalytiker in Zürich. Buchveröffentlichungen u. a.: *Freud-Deutung* (zusammen mit O. Knellessen, D. Strassberg und P. Passett), Tübingen 1994; *Wahrheit und Verdrängung. Eine Einführung in die Psychoanalyse und die Eigenart ihrer Erkenntnis*, Berlin 1995; *Darf man am Sabbat psychoanalysieren?* Tübingen 1996.

Sigmund Freud

von Peter Schneider

Deutscher Taschenbuch Verlag

Weitere in der Reihe **dtv portrait** erschienene Titel
am Ende des Bandes

Wie immer für Laszlo; aber diesmal mit Bildern

Originalausgabe
August 1999

Umschlagkonzept: Balk & Brumshagen
Umschlagbild: Portraitaufnahme, um 1921 (© AKG, Berlin)
Layout: Matias Möller, Agents – Producers – Editors, Overath
Satz: Matias Möller, Agents – Producers – Editors, Overath
Druck und Bindung: APPL, Wemding
Gedruckt auf säurefreiem, chlorfrei gebleichtem Papier
Printed in Germany ISBN 3-423-31021-9

Inhalt

1 Sigmund Freud. Portrait von H. Frank. Wien, Institut für Geschichte der Medizin.

Der Knoten von Leben und Werk

Nun werden Sie ein Recht zu der Frage haben: Wenn es keine objektive Beglaubigung der Psychoanalyse gibt und keine Möglichkeit, sie zu demonstrieren, wie kann man überhaupt Psychoanalyse erlernen und sich von der Wahrheit ihrer Behauptungen überzeugen?

(Sigmund Freud)

Freuds Psychoanalyse und ein Witz haben eines gemeinsam: Sie lassen sich nicht zusammenfassen. Wer über die Pointe lachen will, muß zuvor den ganzen Witz hören. Und wer sich eine Vorstellung vom psychoanalytischen Denken machen will, kommt nicht umhin, sich mit den Problemen und Fragen zu beschäftigen, die Freud dazu antrieben, seine Theorie auf jene Art und Weise zu erfinden und immer wieder umzuformen, wie er es getan hat. Die Psychoanalyse hingegen lediglich als Konglomerat von Freuds »Ergebnissen« oder »Irrtümern« (je nachdem) darzustellen hieße, die Pointe ohne den Witz zu erzählen.

Sigmund Freud war nach eigenem Zeugnis vier Jahre alt, als ihm das Geheimnis der Sexualität begegnete, und zwar in der schönen Gestalt seiner jungen Mutter Amalia. Aber wie sooft bei bedeutenden Entdeckungen begriff auch der große Freud erst *nachträglich,* auf was der kleine Sigmund seinerzeit gestoßen war: auf die Tatsache nämlich, daß damals »meine Libido gegen *matrem* erwacht ist, und zwar aus Anlaß der Reise mit ihr von Leipzig nach Wien, auf welcher ein gemeinsames Übernachten und Gelegenheit, sie *nudam* zu sehen, vorgefallen sein muß«, wie er 37 Jahre später, am 3. Oktober 1897, Wilhelm Fließ in einem Brief mitteilt.

Weitere zwölf Tage und einen Brief später hat sich bei Freud die Kindheitserinnerung an die nackte Mutter dann zu jener

An der Frauenbrust treffen sich Liebe und Hunger. Ein junger Mann, erzählt die Anekdote, der ein großer Verehrer der Frauenschönheit wurde, äußerte einmal, als die Rede auf die schöne Amme kam, die ihn als Säugling genährt: es tue ihm leid, die gute Gelegenheit damals nicht besser ausgenützt zu haben. Ich pflege mich der Anekdote zur Erläuterung für das Moment der *Nachträglichkeit* in dem Mechanismus der Psychoneurosen zu bedienen.

›Die Traumdeutung‹ (II/III, 211)

Das Kind empfängt mit 1 1/2 Jahren einen Eindruck, auf den es nicht genügend reagieren kann, versteht ihn erst, wird von ihm ergriffen, bei der Wiederbelebung des Eindrucks mit vier Jahren, und kann erst zwei Dezennien später in der Analyse mit bewußter Denktätigkeit erfassen, was damals in ihm vorgegangen. *›Aus der Geschichte einer infantilen Neurose‹ (XII, 72)*

Idee verdichtet, die für ihn schließlich zum Kernstück der psychoanalytischen Theorie werden wird: »Ein einziger Gedanke von allgemeinem Wert ist mir aufgegangen. Ich habe die Verliebtheit in die Mutter und die Eifersucht gegen den Vater auch bei mir gefunden und halte sie jetzt für ein allgemeines Ereignis früher Kindheit ... Wenn das so ist, so versteht man die packende Macht des Königs Ödipus ..., die griechische Sage greift einen Zwang auf, den jeder anerkennt, weil er dessen Existenz in sich verspürt hat. Jeder der Hörer war einmal im Keime und in der Phantasie ein solcher Ödipus, und vor der hier in die Realität gezogenen Traumerfüllung schaudert jeder zurück mit dem ganzen Betrag der Verdrängung, der seinen infantilen Zustand von seinem heutigen trennt.«

Der Gedanke an sich ist selbstverständlich so brandneu nicht: »So mancher Sterbliche hat auch im Traume schon / geschlafen mit der Mutter. Doch wem derlei / für nichts gilt, trägt am leichtesten das Leben!« (981ff.) versucht Ödipus' Mutter Iokaste in Sophokles Tragödie ›König Ödipus‹ ihren penetrant wißbegierigen Sohn zu trösten und von quälenden Nachforschungen über seine Vergangenheit abzuhalten – wie man weiß, ohne Erfolg.

Es ist mehr diese bohrende Wißbegier als das Mama-Papa-Sohn-Drama, die den Kern von Freuds Identifikation mit Ödipus bildet: Ödipus, der das Rätsel der Sphinx löste – *das Wesen, das morgens auf vier, am Mittag auf zwei und am Abend auf drei Beinen geht, ist der Mensch* – und sich damit erst recht in das Geheimnis des eigenen Lebens verstrickt.

Zum Inhalt der Ödipussage: Laios, König von Theben, wird vom Orakel geweissagt, daß ihn der eigene Sohn töten werde. Seinen kurze Zeit später geborenen Sohn Ödipus läßt er aus diesem Grund aussetzen, doch bleibt dieser am Leben. Bei einem Kampf tötet Ödipus später unwissentlich Laios, seinen Vater. Als es Ödipus gelingt, Theben von der Sphinx zu befreien, erhält er zur Belohnung das Königtum Theben und Laios' Witwe Iokaste zur Frau. Ödipus zeugt mit der eigenen Mutter vier Kinder. Nachdem er die schrecklichen Wahrheiten seiner Vergangenheit Schritt für Schritt aufgedeckt hat, blendet er sich voller Verzweifelung und verläßt Theben.

2 Ölbild der Geschwister Freud, um 1867. Von links nach rechts: Sigmund, Adolfine (Dolfi), Alexander, Anna, Paula, Marie (Mitzi), Rosa

George Bernard Shaw soll einmal nach einer Aufführung des ›König Ödipus‹ gewitzelt haben: »Übrigens sehe ich nicht ein, warum sich dieser Kerl Ödipus so schrecklich darüber aufregt, daß er seine Mutter geheiratet hat. Das sollte seine Liebe doch eher gesteigert haben.« Und genau hierin liegt das Problem: Die Menschen ertragen die Erfüllung ihrer Kinderwünsche allzu schlecht. Dies wiederum ist die Folge von deren Verdrängung, welche mehr ist als schlichtes Vergessen oder Nichtwissen. Während Entwicklungspsychologen sich den Werdegang eines

3 Zu seinem 50. Geburtstag schenkten Freud einige seiner Schüler eine vom seinerzeit sehr renommierten Wiener Bildhauer Schwerdtner entworfene Medaille. Auf der Vorderseite prangte Freuds Profil, auf der Rückseite eine Zeichnung, die Ödipus vor der Sphinx zeigt. Umrahmt ist die Zeichnung mit dem Vers aus ›König Ödipus‹: »Der das berühmte Rätsel

Ich glaube, man müßte sich, so befremdend es auch klingt, mit der Möglichkeit beschäftigen, daß etwas in der Natur des Sexualtriebes selbst dem Zustandekommen der vollen Befriedigung nicht günstig ist.
›Über die allgemeinste Erniedrigung des Liebeslebens‹ (VIII, 89)

Individuums in der Regel als einen Vorgang der Entfaltung und Bereicherung vorstellen, verhält es sich in Freuds Konzeption genau umgekehrt: Erwachsen geworden zu sein, eine Geschichte und eine Identität zu haben, all das bedeutet nichts anderes, als (notwendigerweise) verdrängt zu haben. (Was weder ein willentlicher noch ein bewußter Vorgang ist.) Das Verdrängte jedoch ist nicht auf Nimmerwiedersehen verschwunden, sondern kehrt wieder, allerdings in entstellter Form – zum Beispiel in Träumen, Fehlleistungen oder neurotischen Symptomen, zu welchen sich Wunsch und Abwehr, Leiden und Lust verflechten.

Zum Beispiel der kleine Freud: In jenem Moment, da seine Libido gegen die anläßlich der Eisenbahnreise nach Wien nackt gesehene Mutter erwacht, steht sie auch schon in Konflikt mit der Liebe zum Vater, zu dessen Autorität und sexuellen Ansprüchen; die daraus resultierende Angst wird zum Auslöser der Verdrängung. Das ist in einem Satz die Verdrängungstheorie, wie sie Freud später in seiner Arbeit über ›Hemmung, Symptom und Angst‹ formulieren wird. Das Inzesttabu hat sich etabliert, welches dafür sorgt, daß der Sohn sein Glück bei anderen Liebesobjekten als der Mutter suchen muß – und kann. Ganz glücklich wird er dabei aber nicht ... (Sagte ich schon, daß der reiselustige Freud an einer Eisenbahnphobie litt?)

»Nun muß ich aber« – mit Freuds Worten aus der ›Traumdeutung‹ – »den Leser bitten, für eine ganze Weile meine Interessen zu den seinigen zu machen und sich mit mir in die kleinsten Einzelheiten meines« – *Freuds* natürlich! – »Lebens zu versenken ...«

löste und ein gar mächtiger Mann war!« »Als Freud die Inschrift las«, erzählt sein Biograph Jones, »wurde er blaß, unruhig und fragte mit erstickter Stimme, wer diese Idee gehabt habe. Er benahm sich wie ein Mensch, dem ein Geist erschienen ist ...« Der Geist war der junge Freud, der sich als Student beim Betrachten der Bronzebüsten berühmter Professoren in ... der Wiener Universität gewünscht hatte, eines Tages dort auch seine Büste zu sehen, darunter die Worte eingraviert: »Der das berühmte Rätsel löste ...« »Das Unheimliche des Erlebens«, schreibt Freud später, »kommt zustande, wenn *verdrängte* infantile Komplexe durch einen Eindruck wieder belebt werden«.

Von Freiberg nach Wien

»Mein Sohn Schlomo Sigismund, er soll leben, wurde geboren am Dienstag, dem 1. Tag des Monats Ijar [5]616 [nach jüdischer Zeitrechnung], um 61/2 Uhr nachmittags, am 6. Mai [1]856, und wurde beschnitten am 8. Tag ... Der *mohel* [Beschneider] war Reb Schimschon Frankel aus Mährisch Ostrau, Paten waren Reb Lippe und seine Schwester Mirel Hurwitz, Kinder des Rabbi aus Czernowitz.« Mit diesen Worten dokumentiert Freuds Vater Jacob das freudige Ereignis in der Familienbibel. Der Eintrag davor betrifft den Tod von Jacobs Vater, Schlomo Freud, der am 21. Februar 1856 gestorben war.

Schlomo Sigismund, der mit 16 Jahren (wenn auch zunächst nicht konsequent) seinen Namen zu Sigmund verkürzen und den seines Großvaters niemals tragen wird, ist der erstgeborene Sohn aus der Ehe des zu dieser Zeit bereits vierzigjährigen Kallamon Jacob Freud mit der knapp 20 Jahre jüngeren Amalia Nathanson.

4 Gedenkblatt aus der Familienbibel (Detail), Eintrag von Jacob Freud (1856), links auf Hebräisch (Übersetzung siehe oben), rechts auf Deutsch

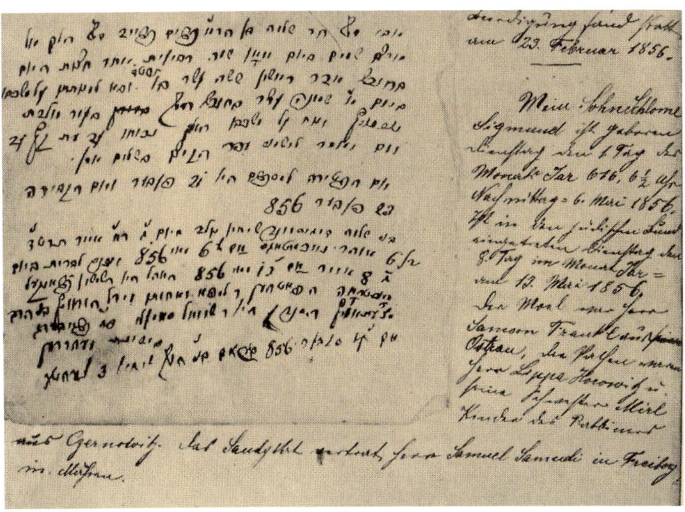

5 Marktplatz in Freiberg, dem Geburtsort Sigmund Freuds

Aus einer früheren Ehe Jacobs mit Sally Kanner hat Sigismund zwei erwachsene Halbbrüder, Emanuel (geboren 1832) und Philipp (geboren 1836), von denen der ältere bereits selbst zwei Kinder hat, John (geboren 1854) und Pauline (geboren 1855). Sie sind Sigismunds wichtigste Spielgefährten während der ersten drei Lebensjahre.

Sigmund Freud wächst in sehr bescheidenen und vor allem engen Verhältnissen auf. Die Familie wohnt in Freiberg (heute das tschechische Příbor) an der Schlossergasse 117 in einer aus einem einzigen Zimmer bestehenden Wohnung im ersten Stock, in der Wohnung nebenan die Familie Zajíc, welche im Parterre des Hauses eine Schlosserei betreibt.

Jacob Freud hatte 1844 zusammen mit seinem Großvater Siskind Hofmann in Freiberg als Händler »von Tüchern, Wolle, Honig, Talg etc.« um »Duldung« nachgesucht – ein Verfahren,

»... 1856 war Freiberg eine Stadt von 4800 deutschen und tschechischen Einwohnern; es gehörte zur österreichisch-ungarischen Monarchie, genauer zur Markgrafschaft Mähren ..., rund 250 Kilometer nordöstlich von Wien. Der Ort liegt in den hügeligen Ausläufern der Karpaten, damals eine stille, ländliche Gegend, nah dem dichten Wald, an einem steilen Abhang über der Lubina; dieser Fluß war im Sommer ein Rinnsal, aber breit und reißend im Frühling. Auf einer Anhöhe im Stadtinnern erhob sich der Turm der Pfarrkirche ›Madem die Juden in der österreichischen Monarchie sich in regelmäßigen Abständen unterziehen mußten, wenn sie irgendwo einer Tätigkeit nachgehen wollten. Die Duldung wurde von der einheimischen Tuchmacherzunft unterstützt und von den Behörden gewährt. Erst vier Jahre später, nach der März-Revolution 1848, erhalten die österreichischen Juden die Niederlassungsfreiheit. Freilich ist die Emanzipation der Juden in den deutschsprachigen Ländern kein Prozeß, der kontinuierlich vor sich geht. Die rechtliche Gleichstellung wird in der Praxis nur zögernd vollzogen. Und die reaktionäre Wende der fünfziger Jahre stellt viele bereits erzielte Fortschritte erneut in Frage. Immer wieder kommt es auch nach 1848 in verschiedenen Städten des deutschen Reiches zu antijüdischen Ausschreitungen. In Österreich ist es das Staatsgrundgesetz von 1867, das den Juden endlich die uneingeschränkte Gleichberechtigung garantiert.

In einem Aufsatz mit dem Titel ›Über Deckerinnerungen‹, den Freud als Dreiundvierzigjähriger veröffentlicht, erzählt er von seiner Kinderzeit in Freiberg, allerdings in verschlüsselter Form. Denn er versteckt sich hinter der fingierten Person eines akademisch gebildeten Mannes, »der sich trotz seines fernab liegenden Berufs ein Interesse für psychologische Fragen bewahrt hat« (I, 538). Ein Erinnerungsbild, das Freuds *alter ego* immer wieder lebhaft vor sich sieht, ist, wie er im Alter zwischen zwei und drei Jahren auf einer grünen Wiese vor einem Bauernhaus spielt, auf der viele gelbe Blumen wachsen. Zusammen mit sei-

6 Freuds Geburtshaus in Freiberg

riae Geburt‹ über 60 Meter hoch; er hatte das schönste Glockenspiel weit und breit. Das Zentrum der Stadt bildete ein ungewöhnlich weiträumiger Marktplatz, von Arkaden solide gebauter Häuser umrahmt. An einem dieser Häuser befand sich ein auffallendes Mahnmal aus dem Dreißigjährigen Krieg. In jenen glorreichen Tagen waren Kriegslist und zähes Durchhaltevermögen der Bürger nämlich sprichwörtlich gewesen: »Brieg, Freiberg und Brünn machen die Schweden dünn.« *Siegfried Bernfeld und Suzanne Cassirer-Bernfeld, 1981*

7 Jacob Freud, 1864

nem ein Jahr älteren Vetter und der gleichaltrigen Cousine pflückt er die Blumen: »Den schönsten Strauß hat das kleine Mädchen; wir Buben aber fallen wie auf Verabredung über sie her und entreißen ihr die Blumen. Sie läuft weinend die Wiese hinauf und bekommt zum Trostvon der Bäuerin ein großes Stück Schwarzbrot. Kaum daß wir das gesehen haben, werfen wir die Blumen weg, eilen auch zum Haus und verlangen gleichfalls Brot. Wir bekommen es auch, die Bäuerin schneidet den Laib mit einem langen Messer. Dieses Brot schmeckt mir in der Erinnerung so köstlich und damit bricht die Szene ab.« (I, 541)

Freud deutet diese Szene als Deckerinnerung, d. h. als eine Erinnerung, die »ihren Gedächtniswert nicht dem eigenen Inhalt, sondern dessen Beziehung zu einem anderen unterdrückten Inhalt verdankt« (I, 551). Eine solche Erinnerung kann ein früher vorgefallenes Verdrängtes »decken«; aber auch ein unterdrückter Inhalt aus späterer Zeit kann sich der Darstellung durch ein Ereignis aus früherer Zeit bedienen. In seinem Fall, so Freud, sei die Kindheitserinnerung Ausdruck verdrängter pubertärer Wünsche, denn sie tauchte erst auf, nachdem er im Alter von 16 Jahren als Gast der Familie Fluss sich erneut in Freiberg aufgehalten und sich in deren fünfzehnjährige Tochter Gisela verliebt hatte. Der »verblümte« Inhalt der Kindheitserinnerung lautet also: »Einem Mädchen die Blume wegnehmen, das

Vielleicht ist es überhaupt zweifelhaft, ob wir bewußte Erinnerungen *aus* der Kindheit haben, oder nicht vielmehr bloß *an* die Kindheit. Unsere Kindheitserinnerungen zeigen uns die ersten Lebensjahre, nicht wie sie waren, sondern wie sie späteren Erweckungszeiten erschienen sind.

›Über Deckerinnerungen‹ (I, 553f.)

heißt ja: deflorieren« (I, 547). In dem Brief, den Freud am 4. September 1872 seinem Schulfreund Eduard Silberstein während des besagten Besuches in Freiberg schreibt, findet sich ein Aspekt dieser Geschichte, der in der späteren Rekonstruktion ausgelassen ist, ein Stück Selbsterkenntnis nämlich, das bereits psychoanalytisch anmutet. In diesem Brief erläutert er dem Freund den Unterschied zwischen seiner »Neigung« zu Gisela und »einer anderen Leidenschaft«, nämlich jener zur Mutter Giselas: Ihm »scheint, daß ich die Achtung vor der Mutter als Freundschaft auf die Tochter übertragen habe«. Von der Mutter schwärmt er dem Freund vor, eine solche »Überlegenheit« habe er »noch nie beobachtet. Andere Mütter – und warum verbergen, daß die unsrigen darunter sind? wir werden sie deshalb nicht weniger lieben – kümmern sich nur um die leiblichen Angelegenheiten ihrer Söhne, über die geistige Entwicklung derselben ist ihnen die Kontrolle aus der Hand genommen. Frau Fluss kennt kein Gebiet, das ihrem Einfluß entzogen wäre.«

8 Amalia Freud, 1872

Als Freud zweieinhalb Jahre alt ist, bekommt er eine Schwester, Anna. Ein zuvor geborener Bruder war im April 1858 im Alter von nur acht Monaten gestorben. Um die Zeit der Geburt der Schwester erschüttert ein weiteres Ereignis die kindliche Welt des kleinen Sigmund: Seine geliebte Kinderfrau wird von seinem Halbbruder Philipp wegen Diebstahls angezeigt und

1859 Darwin veröffentlicht sein Werk ›Über die Entstehung der Arten‹.

1860 Garibaldi erobert Neapel, die Hauptstadt des Königreichs Sizilien; am 6. November wird Lincoln, Gegner der Sklaverei, 15. Präsident der USA; die österreichischen Territorien Toskana, Parma, Modena und die Romagna schließen sich dem Königreich Sardinien an, ein wichtiger Schritt zur Einigung Italiens.

1861 Aufhebung der Leibeigenschaft in Rußland; Semmelweiß besiegt das Kindbettfieber.

1862 Die USA und England schließen einen Vertrag zur Abschaffung des Sklavenhandels.

entlassen. In der ›Traumdeutung‹ schreibt Freud später: »Wenn in den prähistorischen Jahren eines Kindes seine Kinderfrau weggeschickt worden und einige Zeit darauf seine Mutter gestorben ist, so liegen für seine Erinnerung, wie man sie in der Analyse aufdeckt, beide Ereignisse in einer Reihe übereinander.« (II/III, 261) Die Mutter Freuds ist zwar nicht gestorben, aber sie war zur Entbindung der Schwester fortgewesen, und der Neuankömmling wird, insbesondere auf dem Hintergrund des erst kurze Zeit zurückliegenden Todes des Bruders, einiges an mütterlicher Zuwendung vom Erstgeborenen abgezogen haben. So wundert es nicht, daß im Zusammenhang der eindeutig autobiographischen Bemerkung über die fortgeschickte Kinderfrau die »feindseligen Impulse der Kinder gegen ihre Geschwister« behandelt werden: Das Kind könne noch naiv seinem Wunsch, daß ein Geschwister sterben möge, Ausdruck verleihen, »wobei es die arme Mutter schaudernd überläuft, die vielleicht nicht daran vergessen kann, daß die größere Hälfte der erdgeborenen Menschen ihr Leben nicht über die Jahre der Kindheit bringt.« (II/III, 260)

In dem berühmten Brief an Wilhelm Fließ vom 15. Oktober 1897, in dem Freud berichtet, er habe »die Verliebtheit in die Mutter und die Eifersucht gegen den Vater« auch bei sich gefunden, schreibt er über die Zeitspanne, in der Entbindung der Mutter und Entlassung der Kinderfrau zusammentreffen: »Ich sagte mir, wenn mir die Alte so plötzlich entschwunden ist, so muß sich der Eindruck davon bei mir nachweisen lassen. Wo ist er nun? Da fiel mir eine Szene ein, die seit 25 Jahren gelegentlich in meiner bewußten Erinnerung auftaucht, ohne daß ich sie verstünde. Die Mutter ist nicht zu finden, ich heule wie verzweifelt. Bruder Philipp (20 Jahre älter als ich) sperrt mir einen Kasten auf, und nachdem ich die Mutter auch hierin nicht gefunden, weine ich noch mehr, bis sie schlank und schön zur Tü-

Ich kann nur andeuten ..., daß ich meinen ein Jahr jüngeren Bruder (der mit wenigen Monaten gestorben) mit bösen Wünschen und echter Kindereifersucht begrüßt hatte und daß von seinem Tode der Keim zu Vorwürfen in mir geblieben ist.

An Fließ, 3. Oktober 1897

verbietende Gestalt sein, zu der er in der Freudschen Variante des Ödipusmythos wird. Freuds Verhältnis zu seinem Vater Jacob war eher aus Teilen von Mitleid, Verachtung und Liebe gemischt, denn allein aus Liebe und Furcht. Freuds eigenes Beispiel läßt erkennen, daß die Übertragungen und Identifikationen, die das Leben des Erwachsenen prägen werden, weit weniger von den konkret-realen Vorbildern bestimmt sind als von dem Versuch der (Wieder-)Herstellung von Objekten, die so, wie sie in der Übertragung oder der Identifikation erscheinen, niemals existiert haben. Nicht der *Verzicht* auf den Wunsch, sondern das *Festhalten* an ihm schafft für den größer werdenden Ödipus den Antrieb, das Begehren nach der Mutter auf neue Liebesobjekte zu verschieben und die Unerfüllbarkeit dieser seiner ersten großen Liebe dem Vater als Verbot anzukreiden.

Die Familie Freud in Wien und Schuljahre

Als die Familie Freud von Freiberg nach Wien übersiedelt, zieht sie zunächst in eine kleine Wohnung in der Weißgerberstraße, später in die Pillersdorfgasse und dann in die Pfeffergasse in der sogenannten Leopoldstadt, einen Stadtteil, der im frühen 17. Jahrhundert das jüdische Ghetto beherbergt hatte und der auch später wieder – nach der Vertreibung der Juden 1670 – der traditionelle jüdische Wohnbezirk geworden war und deshalb im Wiener Volksmund die »Mazzesinsel« genannt wurde. Erst diese dritte Wohnung der Freuds zeugt von bescheidenem Wohlstand, wenn auch sechs Zimmer für eine achtköpfige Familie nicht gerade als luxuriös gelten können. Zwischen 1860 und 1864 gebiert Amalia vier Töchter – Regine (Rosa), Marie (Mitzi), Adolfine (Dolfi) und Pauline – und 1866 schließlich noch einen

Freud über ein Erlebnis mit seinem Vater: Und nun stoße ich erst auf das Jugenderlebnis, das in all diesen Empfindungen und Träumen noch heute seine Macht äußert. Ich mochte zehn oder zwölf Jahre gewesen sein, als mein Vater begann, mich auf seine Spaziergänge mitzunehmen und mir in Gesprächen seine Ansichten über die Dinge dieser Welt zu eröffnen. So erzählte er mir einmal, um mir zu zeigen, in wieviel bessere Zeiten ich gekommen sei als er: Als ich ein junger Mensch war, bin ich in deinem Geburtsort am Samstag in der Straße spazierengegangen, schön gekleidet, mit einer neuen Pelzmütze auf dem Kopf. Da kommt ein Christ daher, haut mir mit einem Schlag die Mütze

10 August Stefan Kronstein, ›Der Opern- und der Kärtnerring‹, ca. 1875

zweiten Sohn, Alexander. Nach kurzen Zwischenstationen in der Glocken- und der Pazmanitengasse ziehen die Freuds 1875 in ein Domizil an der Kaiser-Josef-Straße (heute Heinestraße), in dem Sigmund Freud bis zu seinem 25. Jahr lebt. Gleich, wie beengt die jeweiligen Wohnverhältnisse auch sind, einzig Sigmund hat stets ein eigenes Zimmer.

Vater Jacob Freud scheint ein Lebenskünstler zu sein, dem die Tatsache, daß er auch in Wien nicht reich wird, seinen Optimismus nicht verderben kann. Er verbringt spätestens seit den neunziger Jahren einen großen Teil seiner Zeit mit Lesen, insbesondere der Lektüre des Talmuds (im hebräischen Original) sowie mit Spaziergängen und Kaffeehausbesuchen und ist mit seiner Position als freigeistiger Hobbygelehrter offenbar recht zufrieden. Zuschüsse der beiden Söhne in Manchester machen

in den Kot, und ruft dabei: Jud, herunter vom Trottoir! »Und was hast du getan?« Ich bin auf den Fahrweg gegangen und habe die Mütze aufgehoben, war die gelassene Antwort. Das schien mir nicht heldenhaft von dem großen starken Mann, der mich Kleinen an der Hand führte. Ich stellte dieser Situation, die mich nicht befriedigte, eine andere gegenüber, die meinem Empfinden besser entsprach, die Szene, in welcher Hannibals Vater, *Hamilkar Barkas*, seinen Knaben vor dem Hausaltar schwören läßt, an den Römern Rache zu nehmen. Seitdem hatte *Hannibal* einen Platz in meinen Phantasien.

›Traumdeutung‹ (II/III, 202f.)

vermutlich einen bedeutenden Teil des Einkommens der Familie Freud aus. Sorgen bereitet Jacob allerdings sein Bruder Josef, der Mitte der sechziger Jahre wegen Falschgeldhandels angeklagt und zu langjähriger Gefängnishaft verurteilt wird. Mehr als drei Jahrzehnte später erinnert sich Sigmund Freud anläßlich eines Traumes, daß sein Vater »damals aus Kummer in wenigen Tagen grau wurde« (II/III, 144).

Sigmunds Schwester Anna berichtet, daß ihr Bruder nie die Volksschule besucht habe, sondern bis zu seinem Eintritt in das Leopoldstädter Kommunal-Real- und Ober-Gymnasium von ihrem Vater unterrichtet wurde. »Zu jener Zeit«, schreibt Anna, »war der Vater in einer europäischen Familie allmächtig ... Bei uns zu Hause hingegen herrschte ein modernerer Geist. Mein Vater war ein Gelehrter aus eigener Kraft und ein wirklich brillanter Mann. Er diskutierte mit uns Kindern, besonders mit Sigmund, über alle möglichen Fragen und Probleme. Wir nannten diese Sitzungen den ›Familienrat‹.« Die freundliche Einschätzung ihres Vaters Jacob teilt Anna mit ihrer Tochter Judith, die sich an ihren Großvater als »groß und kräftig ..., sehr freundlich und sanft und obendrein humorvoll« erinnert. Die Großmutter, Freuds Mutter Amalia, schneidet bei der Enkelin hingegen wesentlich schlechter ab. Sie »war launisch, schimpfte oft mit den Mädchen genauso wie mit ihren Töchtern und hastete im Haus umher ... Nahestehenden Menschen gegenüber ... war sie ein Tyrann, und ein egoistischer dazu.« Bis an ihr Lebensende wurde sie nicht müde, ihren »Goldjungen« Sigi zu preisen, nicht nur innerhalb der Familie, sondern später sogar gegenüber Patienten ihres Sohnes, die ihr die Aufwartung machten.

An Jacob Freud beeindruckt die Enkelin vor allem »die Art, wie er inmitten dieses ziemlich emotionsgeladenen Haushalts –

Über Freuds Interesse am politischen Zeitgeschehen: Zur Zeit des Deutsch-Französischen Krieges von 1870 hatte der vierzehnjährige Sigmund eine große Landkarte auf seinem Schreibtisch, auf der er mit Hilfe von kleinen Fähnchen die Feldzüge nachstellte. Während er das tat, hielt er mir und meiner Schwester Rosa Vorträge über den Krieg im allgemeinen und die Bedeutung der verschiedenen Schlachtenbewegungen. Ich erinnere mich noch, wie stark mich die Nachricht von der Verhaftung Louis Napoleons berührte und wie heftig ich geweint habe, als ich sie erfuhr, während Sigmund uns die Bedeutung der Pariser Kommune auseinandersetzte ... Eine andere Episode, die mir noch klar im Gedächtnis ist, war unser Besuch des amerikanischen

11 Wien aus der Vogelschau. Sepiazeichnung (Detail) von Gustav Veith, 1873

mit drei jungen Frauen, die nicht immer gut miteinander auskamen, und ihrer Mutter, die wohl wegen Geldsorgen meist besorgt und bedrückt war – stets ruhig und gelassen blieb, er zwar keineswegs gleichgültig war, aber sich auch nicht aufregte, nie die Beherrschung verlor und nie die Stimme erhob«. Schon früh hat der älteste Sohn familiäre Autorität inne. Nicht nur, daß er – vom Vater um einen Vorschlag gebeten – als Zehnjähriger den Namen für seinen jüngsten Bruder Alexander auswählt. Er unterbindet den Klavierunterricht seiner achtjährigen Schwester Anna, indem er seiner Mutter ein Ultimatum

Pavillons auf der Wiener Weltausstellung von 1873 ... Sigmund ... war fasziniert von einer Ausstellung mit Präsident Lincolns Briefen im Faksimile und der Rede von Gettysburg. Wir lebten in einem Land, in dem Freiheit und freiheitliches Denken klein geschrieben wurden. Diese Dokumente, genauso wie die amerikanische Verfassung, mußten da natürlich die Vorstellungskraft eines Jungen aus liberalem Hause stark aufwühlen. Sigmund ... bekam Kopien dieser amerikanischen Dokumente und wußte sie alle bald auswendig. Ich erinnere mich, wie er die Rede von Gettysburg vor seinen Schwestern deklamierte und erläuterte.

Anna Freud Bernays, ›Mein Bruder Sigmund Freud‹

stellt: »Obwohl Sigmunds Zimmer nicht in der Nähe des Klaviers lag, störte ihn doch der Klang. Er forderte meine Mutter auf, das Klavier fortzuschaffen, wenn sie nicht wollte, daß er ganz das Haus verließ. Das Klavier verschwand ...« Was er der Schwester an musikalischer Erziehung vorenthält, kompensiert er mit pädagogischen Bemühungen auf literarischem Gebiet: »Er las nicht nur selber Berge von Büchern, sondern übte auch entschiedene Kontrolle über meine Lektüre aus. Wenn ich ein Buch hatte, das ihm für ein Mädchen meines Alters unpassend erschien, sagte er: ›Anna, es ist noch zu früh für dich, dieses Buch zu lesen.‹ ... Auf der anderen Seite war er von großzügiger Hilfsbereitschaft, wenn es um unseren Unterricht ging.« Seine Aversion gegen Musikinstrumente behält Freud übrigens zeitlebens bei; keines seiner Kinder erlernt je ein Instrument, obwohl eine solche Ausbildung eigentlich ein obligatorischer Bestandteil einer mittelständischen Erziehung im Wien des ausgehenden 19. Jahrhunderts ist.

Von Herbst 1865 bis Sommer 1873 besucht Freud das Gymnasium in der Leopoldstadt; in allen Jahren ist er Klassenprimus. Als Freud 13 ist, ereignet sich ein Skandal an seiner Schule: Zwei Mitschüler waren beschuldigt worden, anrüchige Lokale aufgesucht und mit Prostituierten verkehrt zu haben. Freud

12 Die Familie Freud, ca. 1876. V.l.n.r., stehend: Paula, Anna, unbekanntes Mädchen, Sigmund, Emanuel (Halbbruder), Rosa, Mitzi, Simon Nathanson; sitzend: Dolfi, Amalia und Jacob; im Vordergrund: Alexander und unbekanntes Kind.

Freud über seinen Jugendfreund Silberstein: Wir waren Freunde in einer Zeit, da man in der Freundschaft nicht einen Sport und nicht einen Vorteil sieht, sondern den Freund braucht, um mit ihm zu leben. Wir verbrachten eigentlich alle Stunden des Tages, die wir nicht auf den Schulbänken saßen, miteinander. Wir lernten Spanisch zusammen, hatten unsere eigene Mythologie und Geheimnamen, die wir aus einem Gespräch des großen Cervantes schöpften. In unserem spanischen Lesebuch fanden wir einmal einen humoristisch-philosophischen Dialog zwischen zwei Hunden, die vor der Türe eines Hospitals beschaulich lagern, und eigneten uns deren Namen an; er hieß im schriftlichen wie im mündlichen Verkehr Berganza, ich Cipion ... Wir bildeten mitsammen eine absonderliche gelehrte Vereinigung, die Academia Castellana ..., hatten eine große scherzhafte Literatur zusammengeschrieben ..., wir teilten frugale Nachtmähler mitsammen und langweilten uns nie einer in des andern Gesellschaft. *An Martha, 7. Februar 1884*

wird als Zeuge gegen die beiden vernommen, und seine Note für sittliches Betragen wird, da er von deren moralisch zweifelhaftem Verhalten wußte, herabgesetzt.

Anfang Juni 1873 legt Freud seine schriftliche Maturaprüfung ab. Die Mitteilung des Gesamtergebnisses fällt knapp und selbstbewußt aus. »Ich bin so frei, Dir hiemit anzuzeigen«, schreibt er einen Tag nach den abschließenden mündlichen Prüfungen an Eduard Silberstein, »daß ich mit Gottes Hilfe gestern, den 9. Juli 1873, ein Zeugnis der Reife mit Auszeichnung erhalten habe ... Mein Zeugnis ist brillant. 1 Ausgez., 7 Vorzügl. und ein Lob in Erdkunde.«

Freuds späte Schuljahre und seine Zeit an der Universität gehen mit der raschen Entstehung eines breiten jüdischen Bildungsbürgertums einher. Mit der vollen Judenemanzipation von 1867 hatte eine Einwanderungswelle von Juden – vor allem aus Ungarn, Böhmen und Mähren – in die österreichische Hauptstadt eingesetzt. 1860 lebten in Wien nur 6200 Juden; 1870 hat sich ihre Zahl bereits versechsfacht. Die jüdischen Zuwanderer zeichnen sich durch große Bildungsbeflissenheit aus: Das Schlagwort von der

Gold bläht die Menschen auf, wie Luft eine Schweinsblase. – Der ist der schlimmste Egoist, dem es nie eingefallen, sich für einen zu halten. – Manche Menschen sind wie ein reiches, nie ganz durchforschtes Bergwerk, Andere führen ›Soll und Haben‹, wie über ihre Wäsche, so über ihre Gedanken und spießen jeden kleinen Wurm auf, der sich in die Öde ihres Gehirns verirrt. – Manche Menschen sind Erze, manche Katzengold und Katzensilber. – Wol jedes größere Thier übertrifft den Menschen in Etwas, er aber übertrifft sie alle in allem. *Freuds ›Zerstreute Gedanken‹ in der Schülerzeitung*

13/14 Links: Polnische Juden und Wiener Fuhrmann in Wien; rechts: Wiener Juden vor einer k.k. Lotterie-Collectur und einem Tabakwarengeschäft. Aquatintaradierungen von Emanuel Opitz (1775–1841)

»jüdischen Intelligenz« ist im Wien der Jahrhundertwende geradezu zum Pleonasmus geworden. Der Schriftsteller Hermann Bahr schreibt in seinem Buch ›Austriaca‹, »daß jeder, der ein bißchen Verstand oder irgendein Talent hat, deshalb gleich als Jude gilt«. In dieser Gleichsetzung können Antisemitismus und Anti-Intellektualismus vorzüglich miteinander verschmelzen.

Für die mit der »deutschen« Kultur geradezu überidentifizierten deutschsprachigen Juden heißt die neugewonnene Emanzipation zugleich Assimilation. Entsprechend groß ist die Geringschätzung gegenüber den nicht deutschsprachigen Ostjuden bzw. denen, die den Akzent und das »jüdische« Aussehen des Ghettos beibehalten hatten – ein Ressentiment, das auch der junge Freud teilt. Von einer Zugfahrt von einem Ferienaufenthalt in Freiberg zurück nach Wien empört sich der Sechzehnjährige in

Der österreichische Liberalismus hatte ... sein heroisches Zeitalter im Kampf gegen den Adel und den barocken Absolutismus ... Beinahe aus Versehen kamen die geläuterten Liberalen an die Macht und errichteten nun in den 1860er Jahren eine verfassungsmäßige Regierung ... Von Anfang an mußten sie die Macht mit dem Adel und der kaiserlichen Bürokratie teilen. Selbst während der zwei Jahrzehnte ihrer Herrschaft blieb die gesellschaftliche Grundlage der Liberalen schwach und auf die mittelständischen Deutschen und deutschen Juden der städtischen Zentren begrenzt. *Carl Schorske*

einem Brief vom 18. September 1872 an Emil Fluß über eine mitreisende jüdische Familie: »Die Gesellschaft war mir unerträglicher als jede andere; eine kleine Bemerkung, die ich rot vor Zorn gemacht, konnte mir die Langeweile nicht versüßen ... Dieser Jude nun sprach gerade so, wie ich schon tausend andere, selbst in Freiberg, reden gehört habe, selbst sein Gesicht schien mir bekannt, der Mann war ein Typus. Der Junge, mit dem er sich über Religion unterhielt, war es ebenfalls. Er war vom Holz, aus dem das Schicksal die Schwindler schneidet ... Eine böhmische Köchin mit dem vollkommensten Mopsgesicht, das ich je gesehen, machte das Maß voll. Ich hab genug an dem Gesindel. – Im Laufe des Gesprächs erfuhr ich, daß die Frau Jüdin samt Familie aus Meseritsch ist: der rechte Misthaufen für solches Gewächs.« (Nicht ohne Pikanterie ist, daß auch Freuds Mutter Amalia den ostjüdischen Akzent zeitlebens beibehält.)

Bereits der Börsenkrach von 1873 bereitet der kurzen »deutsch-jüdischen« Versöhnung wieder ein Ende. Man muß nicht lange

15 J.E. Hörwarter, ›Die Börsenkatastrophe in Wien am 9. Mai‹ (Detail)

1873: Am 1. Mai wird die Wiener Weltausstellung eröffnet, am 9. Mai kommt es zum katastrophalen Börsenkrach. Dieser führt zum finanziellen Ruin unzähliger Familien. Unmittelbar nach dem Zusammenbruch kam es zu 152 Selbstmorden. 1873 gerieten 8 Banken, 2 Versicherungsgesellschaften, 1 Eisenbahngesellschaft und 7 Industrieunternehmen in Konkurs. 40 Banken wurden liquidiert. 1873 existierten noch 72 Aktienbanken, 1874 gab es nur noch 28, 1879 ganze 14. Außerdem brach im Sommer 1873 eine verheerenden Cholera-epidemie aus, an der in Wien ca. 3000 Menschen, in Österreich-Ungarn fast 440 000 starben .

nach Sündenböcken für das wirtschaftliche Desaster suchen. Die neue Welle von Antisemitismus spült nicht nur die Hoffnung der Juden auf uneingeschränkte gesellschaftliche Anerkennung, sondern wohl auch Sigmund Freuds Dünkel gegenüber den unkultivierten Ostjuden hinweg. Seine Selbstdarstellung aus dem Jahre 1925 enthält zu Beginn den trotzig gestimmten Absatz: »Die Universität, die ich 1873 bezog, brachte mir zunächst einige fühlbare Enttäuschungen. Vor allem traf mich die Zumutung, daß ich mich als minderwertig und nicht volkszugehörig fühlen sollte, weil ich Jude war. Das erstere lehnte ich mit aller Entschiedenheit ab. Ich habe nie begriffen, warum ich mich meiner Abkunft, oder wie man zu sagen begann: Rasse, schämen sollte. Auf die mir verweigerte Volksgemeinschaft verzichtete ich ohne viel Bedauern. Ich meinte, daß sich für einen eifrigen Mitarbeiter ein Plätzchen innerhalb des Rahmens des Menschtums auch ohne solche Einreihung finden müsse. Aber eine für später wichtige Folge dieser ersten Eindrücke von der Universität war, daß ich so frühzeitig mit dem Lose vertraut wurde, in der Opposition zu stehen und von der ›kompakten Majorität‹ in Bann getan zu werden. Eine gewisse Unabhängigkeit des Urteils wurde so vorbereitet.« (XIV, 34f.)

16 Bernardo Bellotto, genannt Canaletto (1721–1788) ›Der Universitätsplatz in Wien‹ (Detail), Gemälde, ca. 1758/61

An der Universität

Im Herbst 1873 schreibt sich Freud an der Wiener Universität ein. Während seiner Schulzeit hatte er geplant, Jura zu studieren, um Politiker zu werden und sich »sozial zu betätigen«. Diesen Entschluß, den er unter dem Einfluß des älteren Schulfreunds Heinrich Braun (später einer der führenden deutschen Sozialdemokraten) gefaßt hatte, verwirft er jedoch kurz vor Studienbeginn. Die wissenschaftliche Neugier gewinnt die Oberhand über den Wunsch nach politischem Einfluß: »Die damals aktuelle Lehre *Darwins* zog mich mächtig an, weil sie eine außerordentliche Förderung des Weltverständnisses versprach, und ich weiß, daß der Vortrag von *Goethes* schönem Aufsatz ›Die Natur‹ in einer populären Vorlesung kurz vor der Reifeprüfung die Entscheidung gab, daß ich Medizin inskribierte.« (XIV, 34) Der Arztberuf selbst war Freud »in jenen Jugendjahren« freilich nicht besonders attraktiv erschienen, »übrigens auch später nicht«.

Das wissenschaftliche Klima, das Freud an der Wiener Universität vorfindet, ist geprägt durch die Loslösung der Medizin von der spekulativen Naturphilosophie. Die Medizin (insbesondere die durch die Wiener Schule repräsentierte) ist bemüht, durch strikte anatomische und physiologische Orientierung den Anschluß an den Standard der exakten Naturwissenschaften zu finden. Charakteristisch in diesem Zusammenhang ist das vielfach zitierte »Manifest« der Helmholtz-Schule, der Freuds bedeutender Lehrer Ernst Brücke neben Emil Du Bois-Reymond

Ich bin Arzt geworden durch eine mir aufgedrängte Ablenkung meiner ursprünglichen Absicht und mein Lebenstriumph liegt darin, daß ich nach großem Umweg die anfängliche Richtung wieder gefunden habe. Aus frühen Jahren ist mir nichts von einem Bedürfnis, leidenden Menschen zu helfen, bekannt, meine sadistische Veranlagung war nicht sehr groß, so brauchte sich dieser ihrer Abkömmlinge nicht zu entwickeln. Ich habe auch niemals »Doktor« gespielt, meine infantile Neugierde ging offenbar andere Wege. In den Jugendjahren wurde das Bedürfnis, etwas von den Rätseln dieser Welt zu verstehen und vielleicht selbst etwas zu ihrer Lösung beizutragen, übermächtig. *›Nachwort zur „Frage der Laienanalyse"‹ (XIV, 290)*

17 Emil Du Bois-Reymond (1815–1896)

und Carl Ludwig angehörte. Bei diesem »Manifest« handelt es sich um eine Briefstelle aus den Jugendbriefen Du Bois-Reymonds: »Brücke und ich haben uns verschworen, die Wahrheit geltend zu machen, daß im Organismus keine anderen Kräfte wirksam sind als die gemeinen physikalisch-chemischen; daß, wo diese bislang nicht zur Erklärung ausreichten, mittels der physikalisch-mathematischen Methode entweder nach ihrer Art und Weise die Wirksamkeit im konkreten Fall gesucht werden muß, oder daß neue Kräfte angenommen werden müssen, welche, von gleicher Dignität mit den physikalisch-chemischen, der Materie inhärent, stets auf nur abstoßende oder anziehende Componenten zurückzuführen sind.« Zugleich postuliert Du Bois-Reymond eine prinzipiell unüberbrückbare Kluft zwischen der Beschreibung der materiellen Bedingungen des Bewußtseins und der Erklärung des Bewußtseins selber.

Freud hat sich über diese von Du Bois als »Grenze der Naturerkenntnis« bezeichnete Trennlinie zwischen den materiellen Grundlagen des Psychischen einerseits und dem psychischen Erleben andererseits hinausgewagt: Zunächst, indem er noch im ›Entwurf einer Psychologie‹, einem Manuskript von 1895, den Plan einer »Ökonomik der Nervenkraft« (an Fließ, 25. Mai 1895) verfolgt, später, indem er mit dem Begriff des »Triebes« das Seelische im Biologischen zu verankern sucht.

Hermann von Helmholtz (1821–1894), Professor der Physiologie in Königsberg, Bonn, Heidelberg und seit 1871 Professor der Physik in Berlin. 1888 wird er der erste Präsident der neuen Physikalisch-Technischen Reichsanstalt in Charlottenburg. Nach Helmholtz herrscht in der Natur ein »strenger Mechanismus«. In erkenntnistheoretischer Hinsicht vertritt Helmholtz eine empiristische Position. Seine Schriften und Vorträge bestimmen nachhaltig das empiristisch-naturwissenschaftliche Fortschrittsdenken im Deutschland des 19. Jahrhunderts. Schriften: ›Über die Erhaltung der Kraft‹, 1847; ›Die Tatsachen in der Wahrnehmung‹, 1879 u. a.

Wenn auch der »Einfluß« der Helmholtz-Schule vor allem in Freuds recht eigenwilliger Verarbeitung von deren Postulaten bestanden haben dürfte, so hat doch vermutlich deren strenger Materialismus dazu beigetragen, ihn vor einer rein spekulativen, mystifizierenden Annäherung an das Unbewußte, wie sie durchaus im Zeitgeist lag, zu bewahren. Und vielleicht ist es auch dieser materialistische Ansatz der Wiener Medizin gewesen, der Freud davon abhielt, die Psychoanalyse als reine Hermeneutik, als eine Art Philologie des Psychischen, zu konzipieren: Das Unbewußte ist bei Freud nicht lediglich nach dem Muster einer Fremdsprache konzipiert, sondern es *ist* die Sprache des Fremden in uns selbst.

»Als ob nicht die nutzlosesten Dinge von der Welt in folgender Ordnung wären: Hemdkrägen, Philosophen und Monarchen«, hatte Freud am 22. August 1874 an seinen Freund Silberstein geschrieben. Über das spätere Verhältnis Freuds zu Hemdkrägen ist keine weitere Äußerung erhalten; seine republikanisch-antimonarchistische Einstellung hat sich lebenslänglich nicht verändert; einzig seine Haltung zu den Philosophen ist wesentlich komplexer, als es seine schnoddrige Klassifizierung der größten Nutzlosigkeiten erahnen läßt.

Als Freud sein Studium aufnimmt, ist Philosophie seit kurzem kein obligatorisches Fach für Medizinstudenten mehr. Zusammen mit seinem Kommilitonen Josef Paneth besucht Freud dennoch seit dem Wintersemester 1874/1875 philosophische Vorlesungen und Seminare, vor allem bei Franz Brentano, den er einen »merkwürdigen (er ist Gottesgläubiger, Theolog (!) und Darwinianer und ein verdammt gescheiter, ja genialer Kerl) und in vielen Hinsichten idealen Menschen« (an Silberstein, 7. März 1875) nennt. Zusammen mit Paneth überreicht Freud dem Philosophen einen Brief mit Einwänden zu dessen Lehre, worauf Brentano die beiden Studenten zu einer Diskus-

Sie wissen, mit welcher Sicherheit die Philosophen einander widerlegen, nachdem sie sich weit genug von der Erfahrung geflüchtet haben ...

An August Stärcke, 25. Februar 1912 (SFC)

sion in seine Wohnung einlädt; ein zweiter Brief und eine zweite Einladung folgen. Brentano ist offensichtlich von den beiden eifrigen und interessierten Studenten angetan. Das geht aus Freuds Schilderung des zweiten Besuchs hervor. Brentano habe sich gefreut, »daß es uns um Erkenntnis zu tun sei und daß wir, obwohl entgegengesetzter Meinung, uns durch kein Vorurteil abhalten ließen (er weiß sehr wohl, daß wir Materialisten sind).« (An Silberstein, 15. März 1875)

Brentano bekenne sich »unumwunden zur empiristischen Schule, welche die Methode der Naturwissenschaften auf die Philosophie und besonders die Psychologie überträgt«. Dies sei der »Hauptvorzug seiner Philosophie«, schreibt Freud, der sie ihm überhaupt erträglich mache. Brentano halte seinem Widerpart Herbart »dessen aprioristische Konstruktionen in der Psychologie« ebenso vor wie dessen Weigerung, »die Erfahrung oder das Experiment zu Rate zu ziehn«. Er »erzählte uns einige merkwürdige psychologische Beobachtungen, die die Haltlosigkeit der Herbart'schen Spekulationen zeigen. Es tue mehr not, über einzelne Fragen gründliche Untersuchungen anzustellen, um zu einzelnen sicheren Resultaten zu gelangen, als das Ganze der Philosophie umfassen zu wollen, was nicht anginge, weil die Philosophie und Psychologie eine noch ganz junge Wissenschaft sei und besonders von der Physiologie keinerlei Unterstützung erwarten könne.« Als Freud Brentano kennenlernt, hat dieser soeben ein umfangreiches Werk zu einer ›Psychologie vom empirischen Standpunkt‹ veröffentlicht. Es enthält das Projekt einer deskriptiven Psychologie, die sich als Grundlagenwissenschaft für Mathematik und Logik versteht. Brentano verficht darin also ein Herbarts Denken genau entgegengesetztes Programm. Was Herbart für die Beschreibung des Psychischen voraussetzt, will Brentano durch eine empirische Psychologie allererst begründen. Es ist zudem nicht ohne Interesse, daß in Herbarts Psycho-

Ich bin überhaupt nicht für die Fabrikation von Weltanschauungen. Die überlasse man den Philosophen, die eingestandenermaßen die Lebensreise ohne einen solchen Baedeker, der über alles Auskunft gibt, nicht ausführbar finden. ... Wir wissen genau, wie wenig Licht die Wissenschaft bisher über die Rätsel dieser Welt verbreiten konnte; alles Poltern der Philosophen kann daran nichts ändern, nur geduldige Fortsetzung der Arbeit, die alles der einen Forderung nach Gewißheit unterordnet, kann langsam Wandel schaffen.

›Hemmung, Symptom und Angst‹ (XIV, 123)

logie »unbewußte Vorstellungen« eine wichtige Rolle spielen, während Brentano die Existenz solcher Vorstellungen bestreitet und lediglich »unbewußte Dispositionen« anerkennt. Brentano empfiehlt seinen beiden Studenten Descartes, äußert sich abwertend über Malebranche und Spinoza, lobt Locke, Hume und, mit Einschränkungen, Leibniz und kritisiert Kant: Dieser verdiene »das Ansehn durchaus nicht, das man ihm lasse, er sei voll von Sophismen, ein unausstehlicher Pedant und kindisch erfreut, wenn er etwas dreiteilen oder vierteilen kann, daher seine Erfindungen und Fiktionen in seinen Schematen ...« Schelling, Fichte und Hegel bezeichnet Brentano als »Schwindler«.

Die philosophiegeschichtliche Tour de Force scheint bei Freud einen gehörigen Eindruck hinterlassen zu haben, wohl weniger inhaltlich als hinsichtlich einer Haltung, die er später auch als Psychoanalytiker für sich in Anspruch nimmt: die des vorurteilsfreien Forschers und Denkers. Was Freud an Brentano schätzt »ist die Verabscheuung einer jeden Phrase, jeder Leidenschaft und Ketzermacherei. Er beweist mir Gott, mit sowenig Parteilichkeit und soviel Exaktheit als ein anderer den Vorzug der Undulations- vor der Emissionstheorie dartut.« Nicht, daß Freud ihm glaubt, aber er erklärt sich bereit, ein Argument solange gelten zu lassen, bis er es widerlegt hat: »Natürlich bin ich Theist nur notgedrungen, nur weil ich so ehrlich bin, meine Hilflosigkeit gegen sein Argument einzuge-

18 **Franz Brentano** (1838–1917) war zunächst katholischer Theologe, später Professor für Philosophie in Würzburg, Wien, Florenz und Zürich.
Die Psychologie ist die Grundlage der Philosophie, auch der Logik, und muß in erster Linie beschreibend, deskriptiv sein, meint Brentano. Als Wissenschaft von den psychischen Erscheinungen ist sie introspektiv, sie beruht auf innerer Wahrnehmung. Ihre Aufgabe besteht darin, psychische Phänomene erkenntnis- und sprachkritisch zu untersuchen. Das Psychische hat Brentano zufolge unmittelbare, absolute Realität, das Physische ist uns nur als Phänomen gegeben, nicht in seiner unmittelbaren Wirklichkeit.

Ich habe als junger Mensch keine andere Sehnsucht gekannt als die nach philosophischer Erkenntnis, und ich bin jetzt im Begriffe, sie zu erfüllen, indem ich von der Medizin zur Psychologie hinüberlenke. Therapeut bin ich wider Willen geworden ... *An Fließ, 2. April 1896*

stehn, aber ich habe nicht die Absicht, mich so schnell oder vollständig gefangenzugeben.«

Auf jeden Fall hat Brentano das wohl etwas gar einfach gestrickte Weltbild des jungen Freud nachhaltig erschüttert: Der »ehemalige fesche, trotzige Materialist« muß nämlich bekennen, »daß ich die Natur der Fragen, um die es sich mir handelt, gröblich mißkannt und völligen Mangel an philosophischer Einsicht besessen habe« (an Silberstein, 11. April 1875). Er beschließt, die Entscheidung über seine Weltanschauung »für lange Zeit auszusetzen, bis ich in Philosophie gewandter und in Naturwissenschaft gereifter bin«. Freuds Zwiespältigkeit gegenüber Glaube und Skepsis, Spekulation und Erfahrung zeigt sich in nur halbherzig ironisch verkleideter Form, wenn er schreibt: »Seit Brentano auf so lächerlich leichte Weise mir seinen Gott disputiert hat, fürchte ich eines schönen Tages von den wissenschaftlichen Beweisen für den Spiritismus und die Homöopathie ... gefangen zu werden. Das macht, ich war zu wenig Dogmatiker, an allem, was ich glaubte, hielt ich nur mit logischer Überzeugung fest.« (An Silberstein, 27. März 1875) Freud hat im Laufe seines Lebens alles daran gesetzt, sich gegenüber den allzu süßen Verlockungen einer umfassenden philosophischen Weltsicht zu immunisieren; vollständig ist es ihm nie gelungen, aber selbst in der Wiederkehr seiner mühsam im Zaum gehaltenen Spekulationslust hat er sich selbst gegenüber doch eine gewisse Skepsis bewahrt.

Über Spekulation: Man kann sich doch einem Gedankengang hingeben, ihn verfolgen, soweit er führt, nur aus wissenschaftlicher Neugierde oder, wenn man will, als *advocatus diaboli*, der sich darum doch nicht dem Teufel selbst verschreibt ... Die Durchführung dieser Idee ist jedenfalls nicht anders möglich, als daß man mehrmals nacheinander Tatsächliches mit bloß Erdachtem kombiniert und sich dabei weit von der Beobachtung entfernt. ... Man kann dabei glücklich geraten haben oder schmählich in die Irre gegangen sein. Der sogenannten Intuition traue ich bei solchen Arbeiten wenig zu; was ich von ihr gesehen habe, schien mir eher der Erfolg einer gewissen Unparteilichkeit des Intellekts. *›Jenseits des Lustprinzips‹ (XIII, 64f.)*

19 Leo von Klenze, ›Die Piazza della Borsa in Triest‹, Gemälde um 1850

Gegen Ende seines fünften Semesters an der Universität beginnt Freud im Rahmen seiner zoologischen Studien im Laboratorium von Carl Claus, Professor für vergleichende Anatomie, zu arbeiten. Während des Jahres bei Claus erhält Freud zweimal ein Stipendium für einen Aufenthalt an der Zoologischen Station in Triest, die Claus dort vor kurzem eingerichtet hatte. Freud soll eine Vermutung des polnischen Zoologen Szymon Syrski bestätigen, daß es sich bei den von diesem beschriebenen »Lappenorganen« des Aals um männliche Geschlechtsdrüsen handle. Freud kann nach der Sektion von einigen hundert Aa-

Über Triest und die Triestiner: Die Leute endlich sind mit wenig Ausnahmen sehr häßlich ... Die Pferde und Ochsen sind wie überall, ebenso die Männer, letztere eigentlich noch ärger, klein, dick, mit übermäßiger Bartfülle. Esel finden sich vereinzelt in den Hafenstrassen, sie sind echte und rechte Esel. Man kann von ihnen nicht verlangen, daß sie gescheuter seien als anderswo, ich weiß nicht, ob sie Italienisch sprechen. Katzen sind schön und zutraulich, besonders charakteristisch sind aber die Frauen ... Oft ganz die italienischen Gestalten, schlank, groß, schmal von Antlitz mit länglicher Nase, dunklen Augenbrauen und der kleinen hochgehobenen Oberlippe.

An Eduard Silberstein, 5. April 1876

20 Ernst Brücke (1819–1892)

len diese Hypothese zwar weiter erhärten, aber ebenfalls nicht endgültig bestätigen. Mit der Veröffentlichung seiner Forschungsergebnisse ist für Freud das zoologische Kapitel seiner akademischen Laufbahn abgeschlossen.

Bedeutsamer als der Abstecher in die Zoologie ist für Freud der Übertritt in das Laboratorium von Professor Ernst Brücke. An dessen physiologischem Institut bleibt er zwischen 1876 und 1882. Als protestantischer Preuße ist Brücke im katholischen Wien trotz seines überragenden Renommees zeitlebens ein Fremder. Vielleicht ist es diese Außenseiterposition zusammen mit der von Brücke ausgestrahlten Autorität – »die größte ..., die je auf mich gewirkt hat« –, die Freud anzieht und dafür sorgt, daß er »an der Physiologie haften blieb« (XIV, 290). Unterbrochen durch einen einjährigen Militärdienst 1879/1880 widmet Freud sich in den sechs Jahren bei Brücke der histologischen Untersuchung von Nervenzellen. Im Hintergrund dieser mikroskopischen Forschungen steht dabei die damals eifrig diskutierte Frage, ob es einen beobachtbaren Unterschied zwischen den Elementen des Nervensystem der niederen und höheren Organismen gibt oder ob die Differenz zwischen einfachen und komplexen Systemen lediglich im unterschiedlichen strukturellen Zusammenspiel der an sich ähnlichen einzelnen

Über Freuds Miltitärzeit: Im Spätsommer 1879 wurde Freud zum Militärdienst einberufen, der damals viel weniger anstrengend war als heute. Die Medizinstudenten durften zu Hause wohnen und hatten nichts zu tun, als in den Spitälern herumzustehen ... Freud verlebte seinen vierundzwanzigsten Geburtstag im Arrest ..., weil er ohne Urlaub weggeblieben war. Fünf Jahre später lernte er bei einer Abendgesellschaft den General Podratzsky kennen, der ihn verurteilt hatte; aber er hegte keinen Groll gegen ihn, denn er mußte zugeben, daß er acht Visiten nacheinander versäumt hatte. *Ernest Jones*

21 Ernst von Fleischl-Marxow (1846–1891)

Elemente besteht. Wer die frühen neurophysiologischen Arbeiten Freuds gründlich genug danach durchsucht, kann immer wieder auf Themen und Ideen stoßen, die sich als Anklänge an Konzepte der psychoanalytischen Theorie interpretieren lassen. Und dennoch ist die Psychoanalyse alles andere als bloß ein Produkt der Weiterentwicklung der physiologischen und anatomischen Studien des angehenden Mediziners Freud. Wenn es eine Verbindung zwischen den frühen und den späten (psychoanalytischen) Forschungen Freuds gibt, dann ist es wohl vor allem die spannungsreiche Verbindung von genauer Arbeit am Detail und einem spekulativen Interesse an den großen Fragen, welche die Stellung des Menschen in der Welt betreffen.

In Brückes Laboratorium lernt Freud Josef Breuer und Ernst von Fleischl-Marxow kennen. Fleischl ist zehn Jahre älter als Freud und bereits Privatdozent (und neben Sigmund Exner einer der beiden Assistenten Brückes). Breuer, 1842 geboren, ebenfalls Privatdozent, führt eine ärztliche Privatpraxis und unterrichtet daneben an der Universität. Zu seinen bedeutenden Veröffentlichungen zählen Arbeiten zur Steuerung der Atmung und der Funktion des Gleichgewichtsorgans. Nicht nur als Arzt, sondern auch als Wissenschaftler gilt Breuer in Wien als Koryphäe. So-

1878: In Österreich dürfen Frauen die Maturitätsprüfung ablegen, an der Universität sind sie aber nur als Gasthörerinnen zugelassen.

1879: Albert Einstein wird geboren; Thomas Edison erfindet die elektrische Glühlampe; Uraufführung von Ibsens Frauenemanzipations-Drama ›Nora‹.

1880: Leopold von Ranke, Begründer der modernen Geschichtswissenschaft, publiziert den ersten Band seiner (unvollendeten) ›Weltgeschichte‹; der Pathologe, Anthropologe und Politiker Rudolf Virchow, heftigster Bismarck-Gegner, wird Mitglied des Deutschen Reichstags.

wohl mit Breuer als auch Fleischl verbindet Freud eine mit großem Respekt gemischte Freundschaft. Doch keine Liebe ohne die Beimengung von Haß: In der Deutung eines eigenen Traumes spricht Freud von Vorwürfen, die er seinerzeit einem inzwischen verstorbenen Freund, Josef Paneth, wegen dessen Todeswünschen gegen Fleischl macht, Vorwürfe, die ein eigenes Schuldgefühl kaschieren sollen: »Natürlich war bei mir einige Jahre vorher der nämliche Wunsch, eine freigewordene Stelle einzunehmen, noch viel lebhafter gewesen; wo immer es in der Welt Rangordnung und Beförderung gibt, ist ja der Weg für der Unterdrückung bedürftige Wünsche eröffnet.« (II/III, 488)

1881 wird Freud nach achtjährigem Studium (drei Jahre später als üblich) zum Doktor der Medizin promoviert. Der Entschluß, die akademische Abschlußprüfung zu absolvieren, hängt keineswegs damit zusammen, daß er nun plant, sich endlich als Arzt niederzulassen. Eher ist sie dadurch motiviert, den Eindruck, er verbummele sein Studium, zu widerlegen, und seiner Liaison mit der Wissenschaft den Anstrich einer legitimen Verbindung zu verleihen.

Die glückliche Zeit in Brückes Laboratorium wird aber nur ein Jahr später jäh unterbrochen, der Traum von einer akademischen Laufbahn im Dienste der reinen Erkenntnis ist ausgeträumt. Die geliebte Forschung hat eine Nebenbuhlerin aus Fleisch und Blut bekommen. Mit anderen Worten: Freud hat sich verliebt, und der Wunsch zu heiraten und eine Familie zu gründen, macht die Abkehr von den Plänen einer universitären Karriere erforderlich.

Ein intimer Freund und ein gehaßter Feind waren mir immer notwendige Erfordernisse meines Gefühlslebens; ich wußte beide mir immer von neuem zu verschaffen, und nicht selten stellte sich das Kindheitsideal so weit her, daß Freund und Feind in dieselbe Person zusammenfielen ...

›Traumdeutung‹ (II/III, 487)

Verliebt, verlobt, unverheiratet

22 Martha Bernays, 1882

Geldsorgen sind über lange Zeit Freuds treue Begleiter. Die scheinbare Unbekümmertheit, mit der er sein Studium betreibt, ohne zielstrebig auf einen Abschluß hinzuarbeiten, der ihm einen Brotberuf sichern kann, steht dazu in einem augenfälligen Kontrast. Am ehesten läßt sie sich als Trotzreaktion verstehen, als Versuch die materiellen Widerwärtigkeiten des Lebens durch Ignoranz zu strafen. Freuds Vater hat offenbar wenig Neigung verspürt, den von ihm finanziell abhängigen Sohn zur Aufgabe seiner wissenschaftlichen Ambitionen zu bewegen und an die Pflicht zur bürgerlichen Existenzgründung zu erinnern. Diese Aufgabe fällt Professor Ernst Brücke zu, der das Machtwort sprechen muß: »Die Wendung kam 1882, als mein über alles verehrter Lehrer den Leichtsinn meines Vaters korrigierte, indem er mich mit Rücksicht auf meine schlechte materielle Lage dringend mahnte, die theoretische Laufbahn aufzugeben. Ich folgte seinem Rate, verließ das physiologische Laboratorium und trat als Aspirant in das Allgemeine Krankenhaus ein.« (XIV, 35) Was Freud hier verschweigt, ist der Anlaß

Geld ist Lachgas für mich. Aus meiner Jugend weiß ich, daß die wilden Pferde in den Pampas, die einmal mit dem Lasso gefangen worden sind, ihr Leben über etwas Ängstliches behalten. So habe ich die hilflose Armut kennengelernt und fürchte mich beständig vor ihr. *An Fließ, 21. September 1899*

dieser Ermahnung. Im Frühjahr 1882 nämlich hat er Martha Bernays kennengelernt, sich Hals über Kopf in die junge Frau aus gutem, aber keineswegs wohlhabendem Hause verliebt und sich bereits im Juni desselben Jahres mit ihr verlobt. Freud, der so bald wie möglich heiraten will, hat Brücke also lediglich aussprechen lassen, was ihm selbst leider nur allzu klar ist: Liebe und Karriere sind für ihn in einen Widerspruch geraten, der lediglich durch Aufgabe eines der beiden Ansprüche aufzulösen ist. Freud entscheidet sich für die Liebe – ein ebenso romantischer wie sicherlich auch schmerzhafter und seinen Ehrgeiz kränkender Entschluß.

Bis zu seinem 26. Lebensjahr lebt Freud mit den Geschwistern bei den Eltern, ohne wirklich am Familienleben teilzunehmen. Meistens zieht er sich, wenn er abends von der Universität nach Hause kommt, sogleich in sein »Kabinett« genanntes Studierzimmer zurück, dessen Möblierung aus Bett, Schreibtisch und Bücherregal besteht. Und dort pflegt er in der Regel auch zu essen. Entsprechend hat er für die Freundinnen seiner Schwestern, die zu Besuch kommen, kaum einen Blick übrig. Das ändert sich im April 1882, als er in der Freudschen Wohnung Martha Bernays trifft.

Martha Bernays ist zu diesem Zeitpunkt fast 21 Jahre alt und stammt aus einer ebenso frommen wie gebildeten Hamburger jüdischen Familie. Ihr Großvater war Oberrabbiner, ihre beiden Onkel väterlicherseits Universitätsprofessoren für Germanistik beziehungsweise Altphilologie. Marthas Familie war von Hamburg nach Wien übergesiedelt, weil ihr Vater von 1869 bis 1879 als Sekretär des Wiener Volkswirtschaftlers Lorenz von Stein arbeitete. Nach dem Tod des Vaters lebt sie mit ihrer Mutter Emmeline, ihrem Bruder Eli, der später Freuds Schwester Anna heiraten wird, und der vier Jahre jüngeren Schwester Minna in Wien.

Über 900 Briefe hat Freud an seine Verlobte Martha Bernays gesandt, häufig waren es sogar zwei oder drei am Tag. Der Umfang erreichte nicht selten 10 Seiten, 4 Seiten galten als sehr kurz. Freuds 5 Jahre jüngere Braut, geboren am 26. Juli 1861, stammte aus einer äußerst kultivierten Familie. Der Großvater Issak war in den 1840er Jahren Oberrabbiner von Hamburg und mit Heinricht Heine verwandt. Sein Bruder publizierte als erster ein Heine-Gedicht. Issaks Sohn Michael wurde Deutschprofessor in München und veröffentlichte eine umfangreiche Studie zu Goethes Jugendjahren. Sein Sohn Jakob lehrte an der Universität Heidelberg Latein und Griechisch.

Bereits im Juni 1882 verloben sich Sigmund Freud und Martha Bernays. Emmeline Bernays ist nicht eben begeistert vom künftigen Schwiegersohn, und so setzt sie gegen den Willen der Tochter die Rücksiedlung nach Hamburg durch. Vor der Hochzeit soll Freud erst einmal beweisen, daß er in der Lage ist, eine Familie zu ernähren. Es folgt eine vierjährige Verlobungszeit, in der sich Martha und Sigmund nur sehr selten sehen können. An die Stelle des physischen Kontakts tritt ein intensiver, leidenschaftlicher und – von Freuds Seite – oftmals überaus eifersüchtiger Briefwechsel zwischen Wien und Hamburg. Es vergeht fast kein Tag, an dem das »teure Marthchen« nicht Post von Freud erhält.

Kurz nach seiner Verlobung, im Juli 1882 nimmt Freud eine Stellung als »Secundarius aspirans« im Wiener Allgemeinen Krankenhaus an. Es ist anzunehmen, daß er sich hier die bislang entbehrte praktische Erfahrung holen will, die er als künftiger Arzt in einer eigenen Praxis dringend braucht. Außerdem ist das Allgemeine Krankenhaus jener Ort, der ihm nach einiger Zeit den Titel eines »Secundarius emeritus« eintragen kann, der zwar bei weitem nicht das gleiche Prestige bietet wie eine Professur, aber doch genügende gesellschaftliche Anerkennung garantiert, um zahlungsfähige Patienten aus der Mittel- und Ober-

23 Die Verlobten. Sigmund Freud und Martha Bernays in Wandsbek bei Hamburg, 1885

24 Flügel der Zweiten Psychiatrischen Klinik im Allgemeinen Krankenhaus

schicht gewinnen zu können. Es ist zu dieser Zeit nämlich eher die Ausnahme als die Regel, daß Patienten, die einen frisch niedergelassenen Arzt konsultieren, auch ein Honorar zahlen können.

Freud beginnt im Allgemeinen Krankenhaus in Hermann Nothnagels Klinik für Innere Medizin, wo es ihn jedoch nur knapp ein halbes Jahr hält. Denn wieder einmal siegt die theoretische Neugier über das Interesse an der Therapie. Freud wechselt in Theodor Meynerts hirnanatomisches Laboratorium.

Als Kompromiß zwischen wissenschaftlicher Neigung und der Pflicht zur Berufsvorbereitung schwebt ihm nun vor, sich auf Neuropathologie zu spezialisieren. Im Sommer 1883 sieht es fast so aus, als könnte sich Freuds Wunsch, als Wissenschaftler statt als Arzt Ruhm und Ehre (und Geld) zu erlangen, doch

Über das Allgemeine Krankenhaus: Mindestens dreitausend Patienten lagen damals auf den Stationen der alten, grauen, muffigen Gebäude des Allgemeinen Krankenhauses, die nicht weit vom Stadtzentrum eine Fläche von fünfundzwanzig Morgen bedeckten. Die Patienten kamen nicht nur aus Wien, sondern auch aus entlegenen Gegenden der österreichischen Monarchie, ja, sogar aus Asien und Afrika. Weitere Tausende wurden in den Ambulanzabteilungen versorgt; selbst die seltensten Krankheiten, die man sonst allenfalls einmal im Leben zu Gesicht bekommt, konnte man dort regelmäßig sehen. Obwohl die über dem Hauptportal angebrachte Rokoko-

noch erfüllen. Er entwickelt eine Methode, die mikroskopische Darstellung von Hirnschnitten durch Färbung mit Goldchloridlösung entscheidend zu verbessern: »Heute bin ich um drei Uhr zu Fleischl«, berichtet Freud dann am 25. Oktober seiner Braut, »ich zeigte ihm die Präparate der Reihe nach ... Als ich bei den ersten Goldpräparaten war, kam Brücke angegangen. ›Gibt's was zu sehen?‹ ›Bitte, Vergoldungen des Gehirns.‹ – ›Ah, das ist ja sehr schön, und das Gold steht doch im Ruf, da nichts zu leisten‹ – ›Ja, das ist eine neue Methode, Herr Hofrat.‹ – ›Ja so, Sie werden ja noch durch Ihre Methoden allein berühmt werden‹; damit ging er ab.«

25 Theodor Meynert (1833–1892). »Daß Meynert mich gefördert trifft nicht zu, er war mir dauernd feindlich.« (An seine Schwiegertochter Esti Freud, 22. Januar 1939, SFC)

Daß ausgerechnet sein verehrter alter Lehrer Brücke zufälliger Zeuge seines Erfolgs ist, dürfte Freud tief befriedigt haben. Freud veröffentlicht einen Artikel über seine neuartige Methode der Zellfärbung; eine englische Übersetzung erscheint in der renommierten britischen Zeitschrift ›Brain‹. Spätestens aber im Frühjahr 1884 ist die Hoffnung, mit Hilfe der von ihm entwickelten Präparationstechnik berühmt und reich zu werden, schon wieder verflogen. Eine Unterhaltung mit Professor Nothnagel hat dafür gesorgt, daß Freud wieder dort steht, wo er auch schon nach dem Weggang aus Brückes Laboratorium

Tafel von 1780 »Heilung und Trost den Kranken« verheißt, gehörte der Geist der Männer, die diese Stätte berühmt gemacht hatten, mehr der Forschung und Beobachtung als der Therapie. Hyrti, Skoda, Rokitansky, um nur drei der einflußreichsten zu nennen, sahen ihre Lebensaufgabe darin, jenes Gemisch aus Bigotterie und alten Weisheiten, Magie und gesundem Menschenverstand, Effekthascherei und echter Güte abzuschaffen, welches, von wenigen denkwürdigen Ausnahmen abgesehen, in der ersten Hälfte des neunzehnten Jahrhunderts noch weithin die ärztliche Praxis bestimmte.

Siegfried Bernfeld, ›Freuds Vorbereitung auf den Arztberuf‹, 1981

gestanden hat. Am 29. Mai 1884 berichtet er Martha von diesem desillusionierenden Gespräch: »Er begann, daß ich verlobt und achtundzwanzig Jahre alt sei, da wollte ich doch keine Brautschaft von fünf bis sechs Jahren mehr – ›Nein‹ – ›Also dann würde ich es für das beste halten, wenn Sie in eine Provinzialstadt gehen, dort sich ein Vermögen erwerben, und dann, wenn sich zum Beispiel der Breuer zurückzieht, nach Wien kommen. (Mein Freund Breuer möge noch lange Jahre arbeiten und nicht an's Zurückziehen denken, dachte ich mir.) Sie wissen, wie schwer es in Wien geht, wie sich die Kollegen von früh bis Abend plagen und doch kaum das Nötige herausbringen ... Wenn Sie in Wien bleiben wollen, so müssen Sie darauf rechnen, daß Sie im günstigsten Fall erst nach drei Jahren ein Haus gründen können ...‹.«

Bis jetzt hat Freud es an Selbständigkeit nicht weiter als bis zu einem eigenen Zimmer im Allgemeinen Krankenhaus und einem nur symbolischen Gehalt gebracht. Doch er läßt sich nicht für lange entmutigen. Denn schon einige Wochen, bevor er die ernüchternde Unterredung mit Nothnagel hat, beginnt ihn bereits ein neuer Gegenstand zu interessieren, der ihm neue Zukunftsaussichten zu eröffnen scheint: das Kokain.

Angeregt durch einen Artikel in einer amerikanischen medizinischen Zeitschrift und einen Aufsatz des deutschen Arztes Theodor Aschenbrandt, der während eines Manövers bayerischer Soldaten an diesen Kokain ausprobiert und dessen Wirkung als Mittel gegen Erschöpfung beschrieben hatte, bestellt Freud bei der Firma Merck ein Gramm Kokain, um damit zu experimentieren. Er prüft die anästhetische Wirkung des Alkaloids und versucht, mit dessen Hilfe seinen Freund Fleischl von dessen Morphinsucht zu befreien. Fleischl hatte sich beim Sezieren eine Wunde am Daumen zugezogen, welche nie verheilt

Mit einem Projekt und einer Hoffnung trage ich mich jetzt auch, die ich Dir mitteilen will; vielleicht wird's ja auch nichts weiter. Es ist ein therapeutischer Versuch. Ich lese von Cocain, dem wirksamen Bestandteil der Cocablätter, welche manche Indianerstämme kauen, um sich kräftig für Entbehrungen und Strapazen zu machen. Ein Deutscher hat nun dieses Mittel bei Soldaten versucht und wirklich angegeben, daß es wunderbar kräftig und leistungsfähig mache. Ich will mir nun das Mittel kommen lassen und auf Grund naheliegender Erwägungen es bei Herzkrankheiten, ferner bei nervösen Schwächezuständen, insbesondere bei dem elenden Zustande bei der

war und schließlich die Amputation des vorderen Fingergliedes notwendig machte. Die heftigen Schmerzen im verbliebenen Stumpf versucht Fleischl mit immer größeren Dosen Morphium zu dämpfen.

Bereits im Juni desselben Jahres verfaßt Freud in nur einer Woche seine erste Studie ›Über Coca‹, die eine Übersicht über die bisherige Literatur sowie Schilderungen der von ihm angestellten Versuche enthält. Die Arbeit ist inspiriert geschrieben, aber man merkt ihr die Eile, in der sie entstanden ist, durchaus an. Der Tenor der Studie ist ein nicht unkritisches, doch recht weitreichendes Lob des Wirkstoffes der Kokapflanze als Heilmittel für mancherlei Anwendungen: als unschädliches Stimulans, als Mittel gegen Verdauungsstörungen und in der Morphin- und Alkoholentwöhnung, als Aphrodisiakum und als Lokalanästhetikum.

26 Plakat von 1894. Der »Vin Mariani«, ein roter Bordeauxwein, war mit einem Extrakt aus Kokablättern versetzt. Den Wein gab es auf Rezept von 1844 bis 1913.

Freud ist so angetan von der Wirkung des Kokains, daß er Martha hin und wieder kleine Mengen davon nach Hamburg schickt und das von ihm geschätzte Stimulans auch sonst recht freigebig in seinem Freundeskreis verteilt. 1885 publiziert er einige Nachträge zu seiner ersten Arbeit über Kokain sowie einen

Morphiumentziehung (wie bei Dr. Fleischl) versuchen. Vielleicht arbeiten schon viele andere damit, vielleicht taugt es nichts. Aber das Versuchen will ich nicht unterlassen und Du weißt, was man oft versucht und immer will, das gelingt dann einmal. Mehr als einen solchen glücklichen Wurf brauchen wir nicht, um an unsere Hauseinrichtung denken zu dürfen. Setz Dir, Weibchen, aber nicht zu fest in den Kopf, daß es diesmal gelingen muß. Du weißt, das Temperament des Forschers braucht zwei Grundeigenschaften: Sanguinisch beim Versuch, kritisch bei der Arbeit.

An Martha Bernays, 21. April 1884

›Beitrag zur Kenntnis der Cocawirkung‹ und einen Vortrag ›Über die Allgemeinwirkung des Cocains‹, den er im psychiatrischen Verein gehalten hat. In diesem Vortrag spielt er auf Fleischl an: »Ich habe selbst Gelegenheit gehabt, eine – und zwar plötzliche – Morphinentziehung unter Cocain hier zu beobachten, und konnte sehen, daß die Person, welche bei einer früheren Entziehung die schwersten Kollapserscheinungen geboten hatte, nun mit Hilfe des Cocains arbeitsfähig und außer Bette blieb und nur durch Frieren, Diarrhöe und das von Zeit zu Zeit wiederkehrende Morphinbedürfnis an seine Abstinenz gemahnt wurde. Es wurden etwa 0.40 gr. Cocain pro die verbraucht, und nach zwanzig Tagen war die Morphinabstinenz überwunden. Eine Cocagewöhnung trat dabei nicht ein ...« (106) Daß Freud nicht etwa schreibt, daß nach zwanzig Tagen die Morphinsucht geheilt worden sei, sondern statt dessen von der Überwindung der »Morphin*abstinenz*« spricht, läßt sich getrost als Fehlleistung deuten. Bereits zum Zeitpunkt des Vortrages muß Freud nämlich mindestens geahnt haben, daß sein Freund Fleischl zusätzlich zum Kokain wieder Morphium einnahm. Spätestens im Sommer verdichtet sich dieser Verdacht zur Gewißheit. Mit anderen Worten: Fleischl hat neben der alten Sucht eine neue, schwere Abhängigkeit entwickelt.

Die durchaus nicht ungefährliche Potenz des neuen Mittels gegen den »Morphinhunger« war inzwischen auch anderen Ärzten nicht entgangen. In einem scharfen Angriff auf Freud schreibt der deutsche Psychiater Erlenmeyer, neben Alkohol und Morphium habe sich Kokain als die »würdige dritte Geißel der Menschheit«

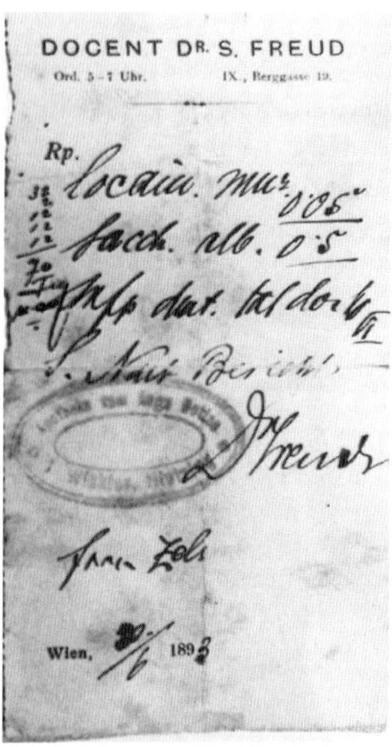
DOCENT DR. S. FREUD
Ord. 5–7 Uhr. IX., Berggasse 19.
Rp.
Wien,

27 Von Freud ausgestelltes Kokain-Rezept

erwiesen. Auf solche Vorwürfe antwortet Freud schließlich mit seinem Artikel ›Bemerkungen über Cocainsucht und Cocainfurcht‹, dem letzten, den er über das Thema verfaßt. Dort kritisiert er zwar, daß die »Ergebnisse Erlenmeyers ... auf einem groben Versuchsfehler« beruhen, räumt jedoch ein: »Der Wert des Cocain für die Morphinisten ging aber auf andere Weise verloren. Die Kranken selbst begannen sich des Mittels zu bemächtigen und es demselben Mißbrauche zu unterwerfen, den sie mit Morphin zu treiben gewohnt waren; das Cocain sollte ihnen ein Ersatz für das Morphin werden und muß sich wohl als ein ungenügender Ersatz erwiesen haben, da die meisten Morphinisten rasch zur enormen Dosis von 1 Grm. pro die in subkutaner Injektion gelangten. Es stellte sich nun heraus, daß das Cocain bei solcher Verwendung ein viel gefährlicherer Feind der Gesundheit ist als das Morphin. Anstatt eines langsamen Marasmus ein rapider physischer und moralischer Verfall, halluzinatorische Aufregungszustände wie beim Alkoholdelirium, ein chronischer Verfolgungswahn, der nach unseren Erfahrungen durch die Halluzination von kleinen Tierchen in der Haut eine charakteristische Färbung erhält, und der Cocainhunger an Stelle des Morphinhungers – dies waren die traurigen Ergebnisse des Versuches, den Teufel durch Beelzebub auszutreiben.« (125) Doch Freud macht dieses Eingeständnis nicht ohne eine weitreichende Relativierung: »Alle Berichte über Cocainsucht und Cocainverfall beziehen sich nämlich auf Morphinisten, Personen, die bereits dem einen Dämon verfallen wa-

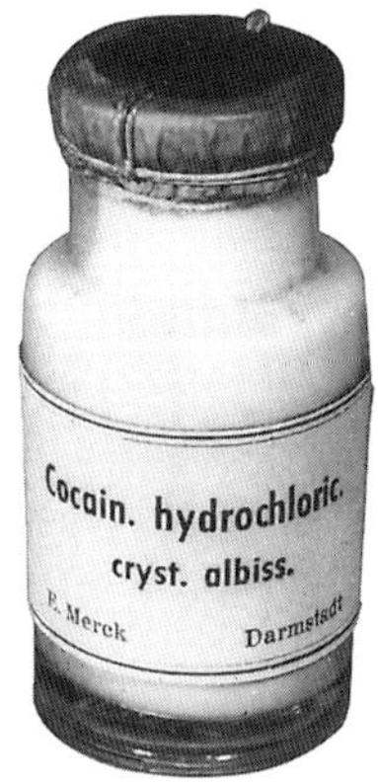

28 Kokainfläschchen der Fa. Merck, ca. 1885

Die psychische Wirkung des Cocainum mur. in Dosen von 0.05–0.10 gr. besteht in einer Aufheiterung und anhaltenden Euphorie, die sich von der normalen Euphorie des gesunden Menschen in gar nichts unterscheidet. Es fehlt gänzlich das Alterationsgefühl, das die Aufheiterung durch Alkohol begleitet ... Man fühlt eine Zunahme der Selbstbeherrschung, fühlt sich lebenskräftiger und arbeitsfähiger; aber wenn man arbeitet, vermißt man auch die durch Alkohol, Tee oder Kaffee hervorgerufene edle Exaltation und Steigerung der geistigen Kräfte. Man ist eben einfach normal ... *›Über Coca‹ (62f.)*

ren und deren geschwächte Willenskraft und Reizbedürftigkeit jedes ihnen dargebotene Stimulans mißbrauchen würde.« (126)

Mit Hinweis auf den amerikanischen Arzt W. Hammond empfiehlt Freud, sich durch Erlenmeyers Anwürfe nicht von einer weiteren Verwendung des Kokains als Therapeutikum abhalten zu lassen. Nicht ohne Ironie ist es, daß der spätere Erfinder der Methode des »freien Assoziierens« – die auf jede Forcierung der Einfälle bzw. Rede des Patienten verzichtet – in diesem Artikel über eine besondere Form der Kokainanwendung durch Dr. Hammond anerkennend schreibt: »In drei Fällen von Melancholie bei Frauen, welche sich des Sprechens enthielten, gelang es ihm, die Kranken durch Cocaininjektionen zum Reden zu bringen, was einige Male von entschiedenem Nutzen war.«

Ausgerechnet jener Verwendungszweck des Kokains, der unbestrittenermaßen dessen segenreichster ist, nämlich der als Lokalanästhetikum, wird von Freud nicht weit genug verfolgt, und so ernten andere den Ruhm, den Freud mit seinen Kokainexperimenten eigentlich hatte erlangen wollen. Mit dem vagen Satz: »Anwendungen, die auf der anästhesierenden Eigenschaft des Cocains beruhen, dürften sich wohl noch mehrere ergeben«, läßt Freud seine erste Studie ›Über Coca‹ enden. Als er ebenso überraschend wie kurzfristig einen mehrwöchigen Urlaub erhält, gibt er das Manuskript eilig in Druck und reist zu Martha nach Hamburg. So sind es die Wiener Kollegen Koller und Königstein, welche die Bedeutung des Kokains für die lokale Betäubung bei Augenoperationen erkannten und im Spätsommer 1884 als erste darüber veröffentlichen.

»Gewiß, wenn ich geblieben wäre, hätte ich die Kollersche Entdeckung selbst machen müssen. Eine jetzt neunundvierzigjährige Ehegemeinschaft hat mich später für den Entgang an Jugendberühmtheit entschädigt«, erinnert sich Freud in einem Brief an Josef Meller (8. November 1934) 50 Jahre später an diese Zeit.

Am 5. April 1885 suchte Jakob Freud seinen Sohn auf und beklagte sich über Augenbeschwerden. Koller wurde zu Rate gezogen und entdeckte ein Glaukom. Anderntags operierte Königstein den Vater Freud, während Koller und Sohn Freud sich um die Lokalanästhesie (mit Kokain) kümmerten.

Jürgen vom Scheidt, ›Freud und das Kokain‹, 1973

Die Sphinx Paris und das Rätsel der Hysterie

Freud ist nun fast 30 Jahre alt und immer noch nicht berühmt. Die Liste seiner wissenschaftlichen Arbeiten ist zwar sowohl nach Quantität als auch Qualität durchaus beeindruckend; geniale Züge weist jedoch keine seiner bisherigen Veröffentlichungen auf. Später wird Freud in realistischer Unbescheidenheit seinen Namen in einer Reihe mit Kopernikus und Darwin nennen. Mitte der achtziger Jahre jedoch ist Dr. Sigmund Freud nichts weiter als ein weit überdurchschnittlich begabter, mehr wissenschaftlich als therapeutisch interessierter Arzt, dessen ambitiöse Pläne sich bislang einer nach dem anderen zerschlagen haben. Unsterblicher Ruhm ist nicht in Sicht; der Aufstieg auf der Karriereleiter vollzieht sich stetig, aber unspektakulär. Am 18. Juli 1885 wird Freud zum Privatdozenten für Neuropathologie ernannt, und ebenfalls noch in diesem Sommer erhält er dank der Unterstützung der Professoren Brücke und Meynert ein halbjähriges Reisestipendium, das er vor allem für einen Aufenthalt an der Salpêtrière in Paris nutzen will. Am 1. August verläßt Freud das Allgemeine Krankenhaus, wo er zuletzt je-

29 Paris, um 1886. Farbdruck nach Eugène Grasset (1841–1917)

weils einige Wochen in den Abteilungen für Augenheilkunde respektive Dermatologie gearbeitet hat, und reist zu einem Urlaub nach Hamburg, um dort Martha zu treffen. Mitte Oktober schließlich fährt er nach Paris.

»Paris war lange Jahre hindurch ein Ziel meiner Sehnsucht«, bekennt Freud 15 Jahre später in der ›Traumdeutung‹, »und die Seligkeit, in welcher ich zuerst den Fuß auf das Pflaster von Paris setzte, nahm ich als Gewähr, daß ich auch die Erfüllung anderer Wünsche erreichen werde.« Daß »Seligkeit« wohl nicht das passende Wort für die Gefühle ist, die Freud in Paris bewegen, legt eine Passage aus einem Briefe nahe, den er am 3. Dezember 1885 seiner zukünftigen Schwägerin Minna schickt: »Ich habe den vollen Eindruck von Paris und könnte sehr poetisch werden, es mit einer riesigen geputzten Sphinx, welche alle Fremden frißt, die ihre Rätsel nicht lösen können, vergleichen ...« Ihm erscheinen »die Stadt und die Menschen ... unheimlich«: »Paris ist einfach ein verworrener Traum und ich werde mich sehr freuen, aufzuwachen.« »Der Traum ist eine Wunscherfüllung« ist das dritte Kapitel der ›Traumdeutung‹ überschrieben; und in dieser nachträglichen Perspektive enthüllt sich der unheimliche, verworrene Traum Paris als Freuds übermächtiger Wunsch, derjenige zu sein, der das Rätsel löst.

Die Begegnung mit Jean-Martin Charcot wird für Freud so etwas wie ein Erweckungserlebnis. Über das erste Zusammen-

30 Schlafsaal in der Salpêtrière, Hospiz für alte Frauen in Paris. Zeichnung von M. Vierge, 1887

treffen berichtet er Martha (am 21. Oktober): »Um zehn Uhr kam M. Charcot herein, ein großer Mann von achtundfünfzig Jahren, Zylinder auf dem Kopfe, mit dunkeln, eigentümlich weichen Augen (das heißt einem, das andere ist ausdruckslos und schielt nach innen), langen, hinter die Ohren gesteckten Haarresten, im Gesicht rasiert, sehr ausdrucksvollen Zügen, vollen, abstehenden Lippen, kurz wie ein Weltgeistlicher, von dem man sich viel Witz und Verständnis für gutes Leben erwartet ... Er imponierte mir dabei sehr, glänzende Diagnose und offenbar ganz lebhaftes Interesse an allem ... Es geht überhaupt sehr zwanglos und demokratisch zu. Charcot läßt eine Menge der gescheitesten Bemerkungen so im Vorbeigehen fallen ... Ich halte mich, solange er da ist, in seiner Nähe und fühle mich ganz heimisch bereits.«

31 Foto von Jean-Martin Charcot (1825–1893) mit einer Widmung an Freud

Eigentlich war Freud nach Paris gegangen, »um daselbst meine neuropathologischen Studien fortzusetzen« und sich insbesondere dem Studium von Hirnschädigungen bei Kindern zu widmen. Doch schon bald verliert er das Interesse an der Herstellung von Präparaten aus Kinderhirnen. In seinem Bericht zuhanden der medizinischen Fakultät der Universität Wien gibt er an, die Laboratoriumsbedingungen an der Salpêtrière seien so ungünstig gewesen, daß er die hirnanatomischen Untersu-

Charcot, der einer der größten Ärzte, ein genial nüchterner Mensch ist, reißt meine Ansichten und Absichten einfach um. Nach manchen Vorlesungen gehe ich fort wie aus Notre-Dame, mit neuen Empfindungen vom Vollkommenen ... Daß kein anderer Mensch je ähnlich auf mich gewirkt hat, weiß ich gewiß. *An Martha Bernays, 24. November 1885*

Niemand darf sich erlauben zu vergessen, daß die Wissenschaft weder landesgebunden noch Eigentum irgendeiner Rasse ist. *Jean-Martin Charcot*

chungen schließlich habe aufgeben müssen. Aber »die Klinik der Salpêtrière« habe »eine solche Fülle von Neuem und Interessantem« geboten, »daß es alle meine Kräfte in Anspruch nahm, die günstige Gelegenheit als Lernender auszunutzen«. Freuds Argument für die Verlagerung seiner Studien vom einen auf das andere Gebiet ist von geradezu rührender Durchschaubarkeit: Offensichtlich war Charcot selbst längst nicht mehr, wie Freud anscheinend noch in Wien angenommen hatte, an anatomischen Fragen interessiert. Und Freud hatte sich diesem Interessenwandel eilig angeschlossen.

Freud bietet Charcot brieflich an, den dritten Band von dessen ›Leçons sur le maladies du système nerveux‹ ins Deutsche zu übersetzen. Charcot akzeptiert die Bewerbung und lädt ihn mehrfach zum Diner in seinem Hause ein. Seine Schüchternheit bei diesen Veranstaltungen überwindet Freud mit einer Prise Kokain – »um das Maul öffnen zu können«, wie er Martha (18. Januar 1886) schreibt. Dem Titel der Übersetzung ›Neue Vorlesungen über die Krankheiten des Nervensystems‹ (die 1886 erscheint) fügt er noch den Zusatz »insbesondere der Hysterie« an: ein Indiz dafür, welchen theoretischen Wert Freud insbesondere der Erforschung der Hysterie beimißt.

Als Freud zu Charcot kommt, stellt die Hysterie einen Gegenstand von zweifelhaftem medizinischen Ruf dar: »Es hieß, bei der Hysterie ist alles möglich, und den Hysterischen wollte man nichts glauben.« (I, 30) Charcots klinisches Interesse aber gibt diesen seltsamen Phänomenen zwischen Besessenheit, Simulantentum, Neurose und körperlichen Symptomen des Status eines ernstzunehmenden Forschungsobjekts.

Während die Wiener medizinische Schule sich keine Krankheit ohne dazugehörigen anatomischen Befund vorstellen konnte, kümmert sich Charcot nicht um solche vorgängigen theoretischen Überzeugungen, sondern zeigt, daß die körperlichen Sym-

---

Charcot pflegte zu sagen, die Anatomie habe im großen und ganzen ihr Werk vollendet und die Lehre von den organischen Erkrankungen des Nervensystems sei sozusagen fertig; es komme nun die Reihe an die Neurosen. Man darf diesen Ausspruch wohl nur als Ausdruck der Wandlung gelten lassen, die in seiner eigenen Tätigkeit eingetreten ist. Seine Arbeit gilt seit Jahren ... vorzugsweise der Hysterie, die er ... auch bei Männern zu studieren Gelegenheit findet.

›Charcot‹ (I, 39)

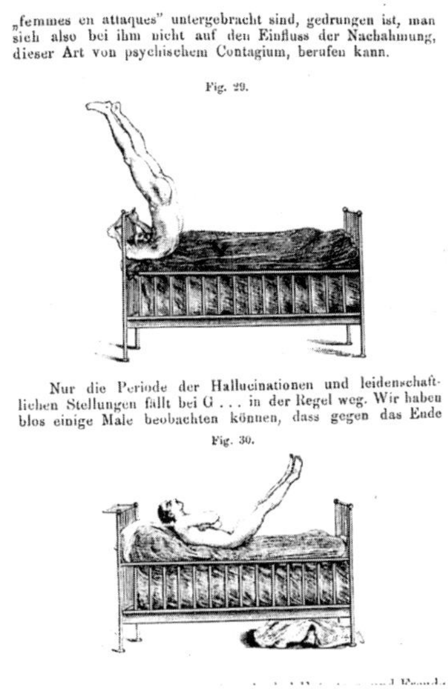
„femmes en attaques" untergebracht sind, gedrungen ist, man sich also bei ihm nicht auf den Einfluss der Nachahmung, dieser Art von psychischem Contagium, berufen kann.

Fig. 29.

Nur die Periode der Hallucinationen und leidenschaftlichen Stellungen fällt bei G . . . in der Regel weg. Wir haben blos einige Male beobachten können, dass gegen das Ende

Fig. 30.

32 Seite aus den von Freud übersetzten ›Neuen Vorlesungen über die Krankheiten des Nervensystems‹ von Charcot. Die Zeichnungen illustrieren Stellungen eines hysterischen Anfalls.

ptome durch Hypnose sowohl künstlich hervor- als auch zum Verschwinden gebracht werden können. Anders als bei Freuds medizinischen Lehrern hat bei Charcot die klinische Beobachtung Vorrang vor dem theoretischen Konstrukt. Doch wie die Wiener Ärzte ist Charcot vor allem an der Diagnose der Krankheit und nicht an deren Therapie interessiert. Und so beschränkt auch er sich darauf, Gesetzmäßigkeiten in den Formen der hysterischen Äußerungen zu entdecken und zu beschreiben. Nicht zuletzt widerlegt Charcot das populäre Vorurteil, die Hysterie sei allein eine Krankheit der Frauen. Doch obwohl Charcot in seinen hypnotischen Experimenten zeigt, daß die hysterischen »Lähmungen Erfolge von Vorstellungen« sind, lautet seine theoretische Schlußfolgerung aus

---

Der Krankheitsbegriff der Hysterie geht auf Hippokrates zurück: Im Altertum hielt man die Hysterie für eine Folge der Wanderung der Gebärmutter (gr. *hystera*) im Körper der Frau; im Mittelalter wurde die Hysterie als Form der Besessenheit aufgefaßt. Das Spektrum der Symptome reicht ausgesprochen weit: Lähmungen, krampfartige Anfälle, Sinnesstörungen, Umsetzung von Affekten in Körperzustände. Auffällig ist der theatralische Charakter der Hysterie. Im 19. Jahrhundert setzt sich die Auffassung von der Hysterie als einer Erkrankung des Nervensystems durch. Von der Hysterie ausgehend entwickelt Freud das Konzept eines verdrängten Unbewußten.

Freud über hysterische Phänomene: Wenn ich einen Menschen in einem Zustande finde, der alle Zeichen eines schmerzhaften Affekts an sich trägt, im Weinen, Schreien, Toben, so liegt mir der Schluß nahe, einen seelischen Vorgang in diesem Menschen zu vermuten, dessen berechtigte Äußerung jene körperlichen Phänomene sind. Der Gesunde wäre dann imstande mitzuteilen, welcher Eindruck ihn peinigt, der Hysterische würde antworten, er wisse es nicht, und das Problem wäre sofort gegeben, woher es komme, daß der Hysterische einem Affekt unterliegt, von dessen Veranlassung er nichts zu wissen behauptet. Hält man nun an seinem Schlusse fest, daß ein entsprechender psychischer Vorgang vorhanden sein müsse, und schenkt dabei doch der Behauptung des Kranken Glauben, der denselben verleugnet, sammelt man die vielfachen Anzeichen, aus denen hervorgeht, daß der Kranke sich so benimmt, als wüßte er doch darum, forscht man in der Lebensgeschichte des Kranken nach und findet in derselben einen Anlaß, ein Trauma, welches geeignet ist, gerade solche Affektäußerungen zu erzeugen, so drängt dies alles zur Lösung, daß der Kranke sich in einem besonderen Seelenzustande befinde, in dem das Band des Zusammenhanges nicht mehr alle Eindrücke oder Erinnerungen an solche umschlinge, in dem es einer Erinnerung möglich sei, ihren Affekt durch körperliche Phänomene zu äußern, ohne daß die Gruppe der anderen seelischen Vorgänge, das Ich, darum wisse oder hindernd eingreifen könne, und die Erinnerung an die allbekannte psychologische Verschiedenheit von Schlaf und Wachen hätte das Fremdartige dieser Annahme verringern können. Man wende nicht ein, daß die Theorie einer Spaltung des Bewußtseins als Lösung des Rätsels der Hysterie viel zu ferne liegt, als daß sie sich dem unbefangenen und ungeschulten Beobachter aufdrängen könnte. *›Charcot‹ (I, 30f.)*

33 Charcot demonstriert einen Hysterie-Fall in der Salpêtrière. Eine Lithographie von André Brouillets Gemälde hing in Freuds Behandlungszimmer in Wien.

seinen Beobachtungen, daß die Hysterie letztlich in einer erblichen Veranlagung begründet ist.

Charcots Meisterschaft liegt weder in der Erklärung noch der Therapie der Hysterie, sondern in deren Inszenierung. Er zeigt, wie man hysterische Symptome hervorrufen und wie man sie unterbrechen kann, und vor allem entwirft er eine in Schaubildern und sogar Fotografien veranschaulichte Systematik der Hysterie. Charcot ist ein leidenschaftlicher Sammler und Ordner der hysterischen Ausdrucksformen, und in seiner theatralischen Präsentation ist er nicht allzuweit entfernt vom Varieté-Künstler Hansen, von dessen Hypnose-Kunststücken Freud als Student so beeindruckt gewesen war. (Dazu später mehr).

Noch nichts von dem, was Freud bis jetzt begegnet und was er daraus macht, trägt den unverkennbaren Stempel des psychoanalytischen Denkens. Und dennoch zeichnen sich spätestens in Paris gewissermaßen die Bedingungen der Möglichkeit dieses Denkens ab. Zwar ist die Annahme einer Spaltung im Bewußtsein der Hysterischen wie bei Charcot etwas ganz anderes als Freuds spätere Annahme eines dynamischen Unbewußten; aber sie ermöglicht es, Überlegungen zum vermeintlichen Paradox eines nicht gewußten Wissens anzustellen. Auch wenn Charcots Auffassung weit entfernt von einer psychologischen Theorie der Hysterie ist, gestattet die von ihm zu diagnostischen Zwecken gebrauchte Suggestion die Vorstellung einer Therapie, die auf der Macht des Wortes beruht und schließlich sogar auf die Hypnose verzichtet. Anders ausgedrückt: In Paris erfährt Freuds Denken durch die Identifikation mit Charcot eine Ablenkung von der bisher eingenommenen anatomischen, neuropathologischen Perspektive und eröffnet ihm den Weg zu einer allgemeinen psychologischen Betrachtungsweise. Seine Identifikation mit den hysterischen Patienten wiederum hilft ihm, die Grenze zwischen Normalität und Krankheit als ein flexibles Kontinuum zu

---

1889 besucht Freud für einige Wochen Hippolyte Bernheim in Nancy, den großen Konkurrenten Charcots. Anders als Charcot behaupten Bernheim und sein Lehrer Auguste Ambroise Liébault, daß der hypnotische Zustand nicht etwas für die Hysterie Charakteristisches sei, sondern die Wirkung einer Suggestibilität, der alle Menschen (wenn auch in unterschiedlichem Maße) unterlägen. Suggestibilität sei die Eignung, einen Gedanken in ein Handeln umzuwandeln, und Hypnose ein Zustand erzwungener Suggestibilität.

begreifen und die Selbsterkundung systematisch als Methode der Gewinnung von Erkenntnissen über das Psychische einzusetzen.

Im Frühjahr 1886 kehrt Freud – nach einem vierwöchigen Zwischenaufenthalt an der Berliner Charité – nach Wien zurück. Dort eröffnet er seine erste Praxis an der Rathausgasse 7 und arbeitet nebenher noch an drei Nachmittagen in der Woche als Neurologe am von Max Kassowitz geleiteten Kinderkrankenhaus. Ehe er Paris verließ, so erinnert sich Freud (XIV, 38) 40 Jahre später, habe er Charcot den Plan einer Arbeit »zur Vergleichung der hysterischen mit den organischen Lähmungen« unterbreitet: »Ich wollte den Satz durchführen, daß bei der Hysterie Lähmungen und Anästhesien einzelner Körperteile sich so abgrenzen, wie es der gemeinen (nicht anatomischen) Vorstellung des Menschen entspricht.« Freud will also zeigen, daß die hysterische Lähmung psychische und nicht körperliche Ursachen hat. Ein in der Tat höchst interessantes Projekt, das auf jenem Bruch zwischen Psychologie und Physiologie basiert, durch den die Psychoanalyse allererst denkbar wird. Charcot ist mit dem Plan »einverstanden«, aber, so Freud später, »es war leicht zu sehen, daß er im Grunde keine besondere Vorliebe für ein tieferes Eingehen in die Psychologie der Neurose hatte. Er war doch von der pathologischen Anatomie her gekommen.« 1886 jedoch ist für den nach Wien zurückgekehrten Freud der charismatische Pariser Arzt zum Inbegriff einer nicht mehr anatomisch fixierten Auffassung von der Hysterie geworden.

Im Mai meldet Freud bei der Wiener Gesellschaft der Ärzte einen Vortrag ›Über männliche Hysterie‹ an, den er wegen der Sommerpause jedoch erst am 15. Oktober halten kann. Freud berichtet später von der »üblen Aufnahme« seines Vortrags: »Maßgebende Personen wie der Vorsitzende, der Internist Bamberger, erklärten das, was ich erzählte, für unglaubwürdig.« Die zeitgenössischen Berichte über die Sitzung (u. a. von Arthur Schnitz-

34 In diesem Haus, in der Rathausstr. 7, eröffnete Freud am 25. April 1886 seine Praxis

ler, der damals noch als Arzt arbeitete) strafen Freuds Selbststilisierung vom einsamen Kämpfer gegen die »kompakte Majorität« der Dummheit indessen Lügen. Zwar wird Freuds Darstellung seiner aus Paris mitgebrachten Erkenntnisse – wie in der Gesellschaft der Ärzte üblich – heftig und kontrovers diskutiert; doch läuft der Hauptvorwurf gegen Freud nicht darauf hinaus, daß er Unsinn erzähle, sondern darauf, daß seine vermeintlichen Neuigkeiten so neu nicht seien. Freud hatte also offene Türen eingerannt. Nur kurze Zeit später, am 26. November, stellt Freud vor demselben Gremium die »Beobachtung einer hochgradigen Hemianästhesie [halbseitige Lähmung] bei einem hysterischen Manne« vor. Freud beschränkt sich im wesentlichen auf eine phänomenologische Darstellung; in einem Halbsatz jedoch streift er seine in Paris gefaßte psychologische These von der imaginären Anatomie des Hysterikers. Trotz des Beifalls, den Freud dieses Mal für seinen Vortrag erhält, ist sein »Eindruck, daß die großen Autoritäten meine Neuigkeiten abgelehnt hätten, ... unerschüttert; ich fand mich ... in die Opposition gedrängt« (XIV, 39) – dorthin also, von wo aus Ödipus Freud das Rätsel der Hysterie am ehesten zu lösen in der Lage ist.

Breuer, Anna O. und die falsch verknüpfte Liebe

Die beiden »Entdeckungen« Hypnose und Hysterie, die Freud in Paris macht, sind ein gutes Beispiel für die Wirkung der Nachträglichkeit auch in der Wissenschaft. Das obskure Phänomen der Hypnose hatte Freud nämlich bereits Anfang des Jahres 1880 fasziniert, als er »als Student ... einer öffentlichen Veranstaltung des ›Magnetiseurs‹ Hansen beigewohnt« hatte. Der Varieté-Hypnotiseur war von einem seiner Medien auf offener Bühne der Scharlatanerie geziehen worden, was dieser zum An-

1885: Alban Berg geboren, Victor Hugo stirbt, Niels Bohr geboren.
1886: Carl Friedrich Benz erhält das erste Patent für ein bezingetriebenes Fahrzeug; der Apotheker John Pemperton bringt in Atlanta ein »esteemed brain tonic and intellectual beverage« auf den Markt, sein Name: »Coca-Cola«.
1887: Carl Hagenbeck eröffnet in Hamburg den »Internationalen Zirkus und Menagerie«; Hermann Bahr veröffentlicht ›Die neuen Menschen. Ein Schauspiel‹; Anton Bruckner vollendet seine VIII. Symphonie.
1888: Gesetz über »obligate Arbeiterkrankenversicherung«.

laß nahm, einen Ehrbeleidigungsprozeß anzustrengen. In dem Prozeß traten nicht nur etliche von Freuds akademischen Lehrern als Gutachter, sondern auch sein Hausarzt Samuel Kreisler als Zeuge gegen Hansen auf. Der Scharlatanerievorwurf wird nicht zuletzt durch die Aussage eines Mediums, es habe die angeblich hypnotisch erzeugte Körperstarre nur simuliert, in diesem Prozeß erhärtet. Um so verwunderlicher ist es, wenn Freud 1925 in der Rückschau meint, daß die Beobachtung der »kataleptischen Starre« bei einer der Versuchspersonen Hansens in ihm die »Überzeugung von der Echtheit der hypnotischen Phänomene fest begründet« habe. Offensichtlich hat es des Aufenthalts bei Charcot bedurft, um diese »Umschrift« der Erinnerung herbeizuführen. Die dubiose Hypnose-Show Hansens und die von Charcot praktizierte Suggestion hysterischer Symptome verschmelzen bei Freud im nachhinein zur Gewißheit, mit der Hypnose ein wirksames Instrument zur Aufklärung der Hysterie in der Hand zu haben. Auch die Tatsache, daß Josef Breuer ihm bereits Ende 1882 ausführlich vom Fall der von ihm mittels Hypnose behandelten Hysterikerin Bertha Pappenheim (oder Anna O., wie ihr Pseudonym in den ›Studien über Hysterie‹ lauten wird) berichtet hat, scheint erst über den Umweg über Paris bei Freud Wirkung gezeitigt zu haben.

Gerade weil die Krankengeschichte Anna O.s den Gründungsmythos der Psychoanalyse darstellt, mischen sich in ihr Fakten und Fiktion auf zuweilen untrennbare Weise. Bertha Pappenheim wurde 1859 geboren und entstammt einer wohlhabenden orthodox jüdischen Wiener Familie. Erzogen wird sie in einer katholischen Privatschule. Seit 1880 steht sie im übrigen mit Martha und der Familie Bernays in quasi familiärer Beziehung, denn im Februar dieses Jahres bestimmt Marthas Mutter Berthas Vater zum gesetzlichen Vormund ihrer Kinder. Als Bertha mit 21 Jahren an Hysterie erkrankt, ist sie die typische

Ratschläge Freuds zur Durchführung der psychoanalytischen Behandlung: Hauptregeln: 1. ›Zeit lassen‹ ... Seelische Veränderungen vollziehen sich nie rasch außer in Revolutionen (Psychosen). ... 2. Problem, wie finde ich weiter, darf es nicht geben. Der Patient zeigt den Weg, indem er in strenger Befolgung der Eingangsregel (Alles zu sagen, was ihm einfällt) seine jeweilige psychische Oberfläche zeigt.

An Karl Abraham, 9. Januar 1908

Vertreterin einer »höheren Tochter«: gebildet, aber in all ihrem Tun vollständig auf den Bereich des Häuslichen beschränkt. Breuer schildert sie als »von bedeutender Intelligenz, erstaunlich scharfsinniger Kombination und scharfsichtiger Intuition« und bedauert, daß ihr »kräftiger Intellekt, der auch solide geistige Nahrung verdaut hätte und sie brauchte« diese »nach Verlassen der Schule nicht erhielt«. Im Juli 1880 erkrankt der von Bertha »leidenschaftlich« geliebte Vater an einem peripleutischen Abszeß, und Bertha übernimmt zusammen mit ihrer Mutter dessen Pflege. Während dieser Phase entwickelt sie Symptome wie einen allgemeinen Schwächezustand, Blutarmut sowie Ekel vor Nahrung, so daß sie schließlich »zu ihrem größten Schmerze von der Pflege des Kranken entfernt wurde«. Zeitweise verliert sie die Fähigkeit, sich ihrer Muttersprache zu bedienen und spricht statt dessen nur noch Englisch. Breuer wird als Hausarzt der Familie Pappenheim schließlich hinzugezogen, als ein quälender nervöser Husten das komplexe Krankheitsbild dominiert. Der Tod von Berthas Vater und Marthas Vormund Pappenheim Ende 1880 verschärft die Krise weiter.

Breuer geht in seiner Therapie als eine Art weltlicher Exorzist vor: Die »Dämonen«, von denen Bertha besessen ist, sind Legion, und jeder muß einzeln vertrieben werden. Dazu langt es nicht, daß der Exorzist Breuer deren Namen ausspricht, sondern die Patientin muß es – unter Hypnose – selbst tun. Er stellt fest, »daß die hysterischen Phänomene bei dieser Kranken verschwanden, sobald in der Hypnose das Ereignis reproduziert war, welches

35 Josef Breuer (1842–1925)

36 Briefmarke (BRD) von Bertha Pappenheim, 1954

das Symptom veranlaßt hatte« und leitet daraus »eine therapeutisch-technische Prozedur ab, die an logischer Konsequenz und systematischer Durchführung nichts zu wünschen ließ. Jedes einzelne Symptom dieses verwickelten Krankheitsbildes wurde für sich vorgenommen; die sämtlichen Anlässe, bei denen es aufgetreten war, in umgekehrter Reihenfolge erzählt, ... nach rückwärts bis zu der Veranlassung des erstmaligen Auftretens. War dieses erzählt, so war das Symptom damit für immer behoben. So wurden die Kontrakturparesen und Anästhesien, die verschiedensten Seh- und Hörstörungen, Neuralgien, Husten, Zittern u. dgl. und schließlich auch die Sprachstörungen ›wegerzählt‹.« (Nachtragsband, 233) In Breuers Darstellung ist die Behandlung Anna O.s ein therapeutischer Erfolg: »Am letzten Tag reproduzierte sie mit der Nachhilfe, daß sie das Zimmer so arrangierte, wie das Krankenzimmer ihre Vaters gewesen war, die ... Angsthalluzination, welche die Wurzel der ganzen Erkrankung gewesen war und in der sie nur Englisch hatte denken und beten können; sprach unmittelbar darauf Deutsch und war nun frei von all den unzähligen ... Störungen, die sie früher dargeboten hatte. Dann verließ sie Wien für eine Reise, brauchte aber doch noch längere Zeit, bis sie ganz ihr psychisches Gleichgewicht gefunden hatte. Seitdem

---

Beginn der psychoanalytischen Kur: Mit dem Verzicht auf die Hypnose und der Einführung der »Grundregel«, daß der Patient alles aussprechen solle, was ihm gerade durch den Kopf geht (»freie Assoziation«), ist der Beginn der psychoanalytischen Kur im eigentlichen Sinne definiert. Der freien Assoziation auf seiten des Analysanden entspricht beim Analytiker die »gleichschwebende Aufmerksamkeit«, d. h. der Versuch, alle Einfälle des Analysanden gleichermaßen zu berücksichtigen, ohne sogleich eine Auswahl nach Wichtigkeit und Unwichtigkeit zu treffen.

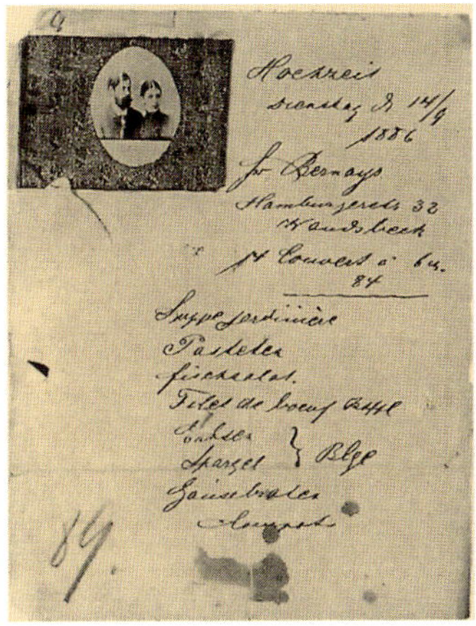

37 Hochzeitsmenue mit einem kleinen Bild des Brautpaares

erfreut sie sich vollständiger Gesundheit.« (238) Die »längere Zeit«, die Bertha Pappenheim zur Genesung benötigt, währt freilich mehrere Jahre und ist von einigen Rückschlägen geprägt.

Erst im Sommer 1892, nachdem Freud längst über mehrere Jahre das von Breuer erfundene »karthartische Verfahren« selbst angewendet und immer mehr in Richtung der psychoanalytischen Kur modifiziert hat, erklärt Breuer sich bereit, »die Theorie vom Abreagieren und unsere sonstigen gemeinsamen Witze über Hysterie auch gemeinsam zum öffentlichen ausführlichen Ausdruck zu bringen« (an Fließ, 28. Juni 1992). Gemeinsam verfassen Breuer und Freud ›Studien über Hysterie‹, die 1895 erscheinen, zu denen Breuer die ausführliche Fallgeschichte Anna O.s und einen Teil »Theoretisches« beisteuert. Inzwischen erfreut sich Bertha Pappenheim tatsächlich weit besserer Gesundheit als zehn Jahre zuvor, als sie – statt vollständig geheilt zu sein –, von Breuer als »ganz zerrüttete« Persönlichkeit in ein Sanatorium eingewiesen wurde.

Noch 1887 wird, wie Martha Freud – im Spätsommer 1886 haben sie und Sigmund endlich geheiratet – ihrer Mutter mitteilt, Bertha von abendlichen Halluzinationen geplagt. Erst nach ihrer Übersiedlung von Wien nach Frankfurt am Main scheint sich Berthas psychischer Zustand dauerhaft zu stabilisieren – ein Erfolg, den sowohl Breuer als auch Freud der Breuerschen »talk-

---

Am 13 . September 1886 werden Sigmund und Martha vor dem Standesamt Wandsbek zivilrechtlich getraut, die Vermählung in der Synagoge findet einen Tag später statt. Dies ist das letzte religiöse Ritual, dem Freud sich – ausgesprochen widerwillig – unterzieht. Nach der Hochzeit besteht Freud darauf, daß in seinem Haushalt am Freitagabend nicht einmal mehr die Sabbatkerzen angezündet werden. Der einzige Chanukka-Leuchter, den Freud besitzt, ist ein mittelalterliches Stück aus seiner Antiquitätensammlung. Freuds Enkel Walter Freud kann sich nicht erinnern, jemals ein jüdisches Fest bei seinem Großvater erlebt zu haben.

ing cure« (Bertha Pappenheim) anrechnen. Bertha Pappenheim engagiert sich als Sozialarbeiterin für ostjüdische Einwanderer, sie leitet einen jüdischen Kindergarten und einen »Mädchenklub«. 1895 – als die ›Studien über Hysterie‹ erscheinen – wird sie stellvertretende und ab 1897 Leiterin eines Waisenhauses für jüdische Mädchen. 1899 übersetzt sie Mary Wollstonecrafts ›Verteidigung der Rechte der Frau‹ ins Deutsche. 1904 gründet sie den jüdischen Frauenbund und wird schließlich eine der führenden Kämpferinnen gegen den »Mädchenhandel«. Sie stirbt 1936.

Ohne Frage hat Breuer sich aufopferungsvoll um seine Patientin Bertha gekümmert; dennoch verdankt die Psychoanalyse Anna O. mehr als Bertha Pappenheim der Analyse, die an ihrem Fall erste Gestalt annahm.

Die Episode, die Freuds überaus verspäteter Erinnerung nach die Therapie bei Breuer abrupt beendet hatte und die in den ›Studien über Hysterie‹ nirgendwo erwähnt wird (siehe unten), kann für Freud nachträglich in einem anderen Licht erscheinen: dem der »Übertragung«. Und sie begründet den Mythos vom Helden Freud, der den Kampf mit der Leidenschaft aufgenommen (und gewonnen) hat, vor dem Hintergrund der feigen Flucht des Josef Breuer: die Psychoanalyse als das Kind, das Anna O. Dr. B. gebären wollte, das dieser aber zurückwies und schließlich – mit Verspätung – Freud zum Vater erhielt.

Sicher macht es sich Freud bei seinen Vorwürfen gegenüber Breuer zu einfach, und er fällt – noch 50 Jahre nach dem beschriebenen Vorfall, hinter eigene, mühsam genug gewonnene Einsichten zurück. In den ›Studien‹ ist Freud sicher: »Die Übertragung auf den Arzt geschieht durch falsche Verknüpfung« (I, 308f.). Gemeint ist eigentlich ein anderes Objekt der Liebe, aber »durch den im Bewußtsein herrschenden Assoziationszwang« erwischt die Leidenschaft jedesmal den Arzt. Nach den Erfahrungen eines

Was bei Breuers Patientin wirklich vorfiel, war ich im Stande, später lange nach unserem Bruch zu erraten, als mir plötzlich eine Mitteilung von Breuer einfiel, die er mir einmal vor der Zeit unserer gemeinsamen Arbeit in anderem Zusammenhang, gemacht und nie mehr wiederholt hatte. Am Abend des Tages, nachdem alle ihre Symptome bewältigt waren, wurde er wieder zu ihr gerufen, fand sie verworren, sich in Unterleibskrämpfen windend. Auf die Frage, was mit ihr sei, gab sie zur Antwort: Jetzt kommt das Kind, das ich von Dr. Breuer habe. In diesem Moment hatte er den Schlüssel in der Hand, der den Weg zu den Müttern geöffnet hätte, aber er ließ

nach diesem Muster analysierten Falls aus seiner Praxis kann Freud »von jeder ähnlichen Inanspruchnahme meiner Person voraussetzen, es sei wieder eine Übertragung und falsche Verknüpfung vorgefallen«. Die Übertragung erscheint Freud als eine sich beharrlich wiederholende »Mesalliance«: »Die Kranke fällt merkwürdigerweise der Täuschung jedes neue Mal zum Opfer.«

Woran das liegen könnte, begreift Freud spätestens 20 Jahre nach den ›Studien über Hysterie‹, und es verwirrt ihn spürbar. Man ahnt, daß ihn vor Breuers Fluchtreflex nicht die bessere Einsicht, sondern eher eine aufgesetzte Abgeklärtheit geschützt hat. In den ›Bemerkungen über die Übertragungsliebe‹ (fertiggestellt im Sommer 1914 und veröffentlicht im Januar 1915) vertritt Freud zwei vollständig gegensätzliche Auffassungen: Er empfiehlt das Liebesverlangen der Patientin »als etwas Unreales« (X, 314) zu behandeln und gesteht doch gleichzeitig ein, man habe keinen Grund, »der in der analytischen Behandlung zutage tretenden Verliebtheit den Charakter einer ›echten‹ Liebe abzustreiten« (X, 317). Die Anführungszeichen, in die Freud das Beiwort »echt« setzt, signalisieren umgekehrt Zweifel, ob die vermeintlich normale Liebe bei genauerem Hinsehen sich nicht als eine außeranalytische Form der Übertragungsliebe herausstellen könnte; mit anderen Worten: ob nicht Liebe immer und wesensgemäß Übertragungsliebe ist. Da die psychoanalytische Behandlung auf dem Fundament der Wahrhaftigkeit aufgebaut sei, argumentiert Freud, gefährde es die Analyse, wenn der Analytiker aus taktischen Gründen die Verliebtheit auf unanstößige Weise erwidere, »bis man das Verhältnis in ruhigere Bahnen und auf eine höhere Stufe heben« (X, 312) könne.

Der technisch richtige Umgang mit der Übertragungsliebe bestehe vielmehr darin, die Patientin erstens auf den Widerstands- und zweitens den Wiederholungscharakter dieser Verliebtheit

ihn fallen. Er hatte bei all seinen großen Geistesgaben nichts Faustisches an sich. In konventionellem Entsetzen ergriff er die Flucht und überließ die Kranke einem Kollegen. Sie kämpfte noch monatelang in einem Sanatorium um ihre Herstellung. Dieser meiner Rekonstruktion fühlte ich mich so sicher, daß ich sie irgendwo veröffentlichte. Breuers jüngste Tochter (kurz nach Abschluß jener Behandlung geboren, auch das nicht ohne Belang für tiefere Zusammenhänge!) las meine Darstellung und befragte ihren Vater (es war kurz vor seinem Tod). Er bestätigte mich, und sie ließ es mich nachher wissen. *An Stefan Zweig, 2. Juni 1932*

hinzuweisen. Pointiert ausgedrückt, die Patientin soll sich an die Verliebtheit an den Vater erinnern, statt diese am Analytiker zu wiederholen. Dann allerdings schreibt Freud: »Ich möchte aber die erwähnten Argumente kritisch beleuchten und die Frage aufwerfen, ob wir mit ihnen der Patientin die Wahrheit sagen oder in unserer Notlage zu Verhehlungen und Entstellungen Zuflucht genommen haben.« (X, 316) Freuds Antwort lautet, mit dem Verweis auf die Widerstandsfunktion und den Anachronismus ihrer Liebe habe man zwar »der Patientin die Wahrheit gesagt, aber doch nicht die ganze, um das Ergebnis unbekümmerte« (X, 317).

Die Wahrheit von Freuds ›Bemerkungen über die Übertragungsliebe‹ beruht im wesentlichen auf den in ihnen enthaltenen, unverhohlenen Widersprüchen und Ungereimtheiten: Einerseits behandelt Freud die Übertragung als eine Art Täuschung, über die der Analysand aufzuklären ist, und andererseits muß er doch widerstrebend anerkennen, daß die Übertragung ein allgegenwärtiges Phänomen ist, das sich prinzipiell nicht von der Liebe unterscheiden läßt. Die Anstrengungen, die es Freud gekostet hat, seine »Überzeugung« in Worte zu fassen, »daß die einzig wirklich ernsthaften Schwierigkeiten« in der Analyse »bei der Handhabung der Übertragung anzutreffen sind« (X, 306), sind der Arbeit anzumerken. Sie hätten Freud gegenüber Breuer eigentlich milder stimmen können. Das psychoanalytische Konzept der Übertragung macht nicht zuletzt eines deutlich: Die Gegensatzpaare von simuliert und echt, eingebildet und wirklich, krank und gesund taugen nicht für das Verständnis, wie der »psychische Apparat« des Menschen funktioniert.

Man hat kein Anrecht, der in der analytischen Behandlung zutage tretenden Verliebtheit den Charakter einer »echten« Liebe abzustreiten. Wenn sie so wenig normal erscheint, so erklärt sich dies hinreichend aus dem Umstande, daß auch die sonstige Verliebtheit außerhalb der analytischen Kur eher an die abnormen als an die normalen seelischen Phänomene erinnert.

›Bemerkungen über die Übertragungsliebe‹ (X, 317)

Ein Freund, ein guter Freund – Wilhelm Fließ

Während Breuer zu den ›Studien über Hysterie‹ einen für ihn abgeschlossenen Fall und eine für ihn selbst schon historisch gewordene Theorie beisteuert, sind diese für Freud eine wichtige Etappe auf dem Weg zu neuen Einsichten. In den ›Studien‹ begegnen sich ein Breuer aus vergangenen Tagen und ein überaus gegenwärtiger Freud, der hier bereits die Umrisse seiner Zukunft skizziert: die Psychoanalyse.

Als die ›Studien‹ 1895 erscheinen, ist die Beziehung zu Breuer längst erkaltet, und ein anderer Mann hat die Position des einst »verehrtesten Freunds und liebsten aller Männer« (am 3. Mai 1889 an Josef Breuer) in Freuds Leben eingenommen: Wilhelm Fließ.

Freuds Briefe an den Berliner Hals-Nasen-Ohren-Arzt – der erste datiert vom 24. November 1887 – sind bis zum Erscheinen der ›Traumdeutung‹ zwölf Jahre später das eigentliche Buch der Psychoanalyse.

Als Freud Wilhelm Fließ kennenlernt, ist er seit einem Jahr verheiratet und lebt mit Martha in der ersten gemeinsamen Wohnung in der Maria-Theresien-Straße 8. Hier, im sogenannten »Sühnhaus«, das an der Stelle des 1881 abgebrannten Ringtheaters aus Privatmitteln des Kaisers errrichtet wurde, wird auch am 16. Oktober 1887 die erste Tochter der Freuds geboren: Mathilde (»natürlich ... nach Frau Dr. Breuer«). Das »Töchterchen ... wiegt dreitausendvierhundert Gramm, was sehr anständig ist, ist furchtbar häßlich, lutscht von seinem ersten Moment ab an seiner rechten Hand, scheint sonst sehr gutmütig und benimmt sich, als ob es wirklich zu Hause wäre. Trotz seiner prachtvollen Stimme schreit es wenig, schaut sehr vergnügt

Mit Breuer ist absolut kein Auskommen mehr für mich; was ich an schlechter Behandlung und geistreicher Urteilsschwäche in den letzten Monaten hingenommen habe, hat mich doch endlich gegen den Verlust innerlich stumpf gemacht
Ich glaube, er verzeiht mir nie, daß ich in den ›Studien‹ ihn mitgerissen und für etwas engagiert habe, wo er immer nur drei Kandidaten für den Platz *einer* Wahrheit kennt und jede Allgemeinheit als Überhebung verabscheut.

An Fließ, 1. März und *6. Februar 1896*

38 Familienbild im Garten des Hauses Berggasse 19, etwa 1898. V.l.n.r., von vorn nach hinten: Sophie, Anna, Ernst, Oliver und Martha, Minna Bernays; Martin und Sigmund Freud

drein ... und macht gar nicht den Eindruck, über sein großes Abenteuer unglücklich zu sein. ... Ich habe es ... schon sehr lieb, obwohl ich es noch nicht bei Licht gesehen habe.« Am 7. Dezember 1889 und am 19. Februar 1891 folgen die Söhne Jean-Martin (nach Charcot) und Oliver (nach Cromwell). Im September 1891 übersiedelt die Familie schließlich in die Berggasse 19, in jenes Domizil, in dem Freud fast sein gesamtes weiteres Leben verbringen wird. Dort werden die Kinder Ernst, Sophie und Anna geboren; und ab Mitte der neunziger Jahre lebt auch Marthas Schwester Minna im Haushalt der Freuds.

Freud lernt Fließ durch die Vermittlung Josef Breuers kennen, der diesem empfohlen hatte, während eines Besuchs in Berlin

Bei uns zu Hause war das Mittagessen um ein Uhr die Hauptmahlzeit des Tages. ... Mein Vater war nicht heikel mit dem Essen, aber wie die meisten Leute hatte auch er Vorlieben und Abneigungen. ... niemals rührte er Blumenkohl an, und er mochte Huhn nicht besonders. »Man sollte Hühner nicht umbringen«, sagte er manchmal: »Laßt sie leben und Eier legen.« Das Lieblingsessen meines Vaters war gekochtes Rindfleisch; es gab es drei bis viermal in der Woche, aber niemals mit derselben Sauce. (Übers. P.S.) *Martin Freud*

Freuds Neurologie-Vorlesungen an der Universität zu hören. Fließ' Steckenpferd ist die Numerolgie in medizinischer Verkleidung: Er geht davon aus, daß das Leben des Menschen von der Zusammenwirkung zweier Arten von Zyklen bestimmt wird: einem weiblichen von 28 und einem männlichen von 23 Tagen. Mit dieser Theorie in engem Zusammenhang steht seine Annahme einer grundlegenden Bi-Sexualität des Menschen. Eine weitere *idée fixe* des mehr als eigenwilligen biologischen Theoretikers Fließ firmiert unter dem Titel der »nasalen Reflexneurose«. Seiner Ansicht nach kommt der Nase eine besondere Rolle für Gesundheit und Krankheit des Menschen zu. All diese Auffassungen scheinen derart schrullig, daß man sich wundern muß, wie Freud darauf verfiel, während mehr als einem Jahrzehnt ausgerechnet den zwei Jahre jüngeren Wilhelm Fließ als Freund zu umwerben: »Mein heutiger Brief hat zwar einen geschäftlichen Anlaß«, schreibt er ihm nach ihrer ersten Begegnung, »ich muß ihn aber mit dem Bekenntnis einleiten, daß ich mir Hoffnung auf Fortsetzung des Verkehrs mit Ihnen mache und daß Sie mir einen tiefen Eindruck zurückgelassen haben, der mich leicht dazu führen könnte, Ihnen frei heraus zu sagen, in welche Rangordnung von Männern ich Sie stellen muß.«

Neben der Tatsache, daß Fließ jenseits seiner theoretischen Bizarrerien ein liebenswürdiger, kultivierter und durchaus scharfsinniger Mann war, ist es wohl gerade dessen Exzentrizität, die Freud anzieht. Die Beziehung zu Fließ ermöglicht es ihm, eine für seine Produktivität wohl unabdingbare Außenseiterposition mit dem intimen Dialog einer vor den Verletzungen durch eine feindliche Welt schützenden Freundschaft zu verbinden.

In den Jahren 1887 bis 1892 veröffentlicht Freud neben einer Vielzahl von Rezensionen medizinischer Fachliteratur und einigen wenigen kleinen Artikeln nur eine einzige Monographie: ›Zur Auffassung der Aphasien‹ (1891). Er greift damit ein The-

Ich habe eine bequeme und ansprechende Theorie der Sprachstörungen zu erschüttern gesucht und, wenn mir dies gelungen ist, nur minder Anschauliches und minder Vollständiges an die erledigte Stelle bringen können. Ich hoffe nur, daß die Auffassung, die ich vertreten habe, den wirklichen Verhältnissen besser gerecht wird und die wirklich vorhandenen Schwierigkeiten besser ins Licht setzt. *›Zur Auffassung der Aphasien‹ (149)*

ma auf, über das auch Charcot geforscht hatte. Auch diese Studie über Sprachstörungen – »Herrn Dr. Josef Breuer in freundschaftlicher Verehrung gewidmet« – enthält einige Gedanken, die Freud später für die Psychoanalyse verwerten wird. Zum Beispiel den »Zweifel an der Richtigkeit eines wesentlich auf Lokalisation beruhenden Schemas« (57). Mit diesem Zweifel entsteht die Möglichkeit einer »Topologie« der Psyche unabhängig von der Anatomie des Hirns und des Nervensystems; der Begriff eines »psychischen Apparats« kann somit als theoretische Metapher gedacht werden. Die anatomisch feststellbaren Verletzungen der Nervenbahnen oder des Sprachzentrums sind nicht die unmittelbare Ursache der Aphasien; die Läsionen führen vielmehr zu allgemeineren »Funktionsstörungen«, »die auch durch nicht materielle Schädigung zustande kommen« können (71). Freud hat aus der Neurologie in die Psychologie gewechselt.

Die Briefe an Fließ aus den späten achtziger Jahren geben einen guten Einblick in seine Praxis und sein Familienleben: »Die Gehirnanatomie ruht, aber die Hysterie schreitet vor ...«, schreibt Freud am 4. Februar 1888. Im selben Brief berichtet Freud Fließ davon, daß er vielleicht an der Schwangerschaft einer neurasthenischen Patientin mitschuldig sei, da er »nicht absichtslos einmal sehr ernst über die Schädlichkeit des Coitus reservatus gesprochen habe«. Am 28. Mai hat er gerade eine »Dame in Hypnose vor mir liegen und kann daher ruhig weiterschreiben«: »Wir leben ziemlich glücklich in stets wachsender Anspruchslosigkeit weiter. Wenn unsere kleine Mathilde lacht, bilden wir uns ein, sie lachen zu hören, sei das Schönste, das uns widerfahren kann, sind sonst nicht ehrgeizig und nicht sehr fleißig.«

Am 1. August 1890 sagt Freud mit großem Bedauern ein geplantes Treffen in Berlin ab: »Es geht mir von keiner Seite zusammen, nicht

39 Mathilde, geboren 1887

ärztlich, wo meine Hauptklientin gerade eine Art nervöser Krise durchmacht und vielleicht in meiner Abwesenheit gesund wird, nicht in der Familie, wo allerhand mit den Kindern los war ...« Er bedauert, »seit Jahren ohne Lehrmeister« zu sein und »so ziemlich ausschließlich in der Behandlung der Neurosen« zu stecken. Für diese Behandlung stehen ihm zweierlei Verfahren zur Verfügung: die Elektrobehandlung mit Schwachstrom mittels eines Galvanisierungsapparats – eine Methode, die er nicht sehr lange anwendet – und der Gebrauch von Worten, zunächst noch unter Hypnose, später ohne die Anwendung der Suggestion. In seinem Artikel ›Psychische Behandlung‹ von 1890 versucht er zu zeigen, daß man, ohne damit den Anspruch der Wissenschaftlichkeit aufzugeben, »dem Seelenleben eine gewisse Selbständigkeit« (V, 291) einräumen muß. Nicht nur die Neurosen, sondern »fast alle seelischen Zustände eines Menschen« (V, 293) schlagen sich in körperlichen Zuständen nieder und lassen sich an diesen ablesen, aber nicht aus diesen selbst herleiten.

Wenn Worte Effekte auf den körperlichen Zustand eines Kranken (ebenso wie auf den eines Gesunden) ausüben können, so tun sie dies, indem sie seelische Veränderungen, Änderungen der Affekte zum Beispiel, bewirken. Doch zeigt sich ebenfalls, daß dem guten Zureden des Arztes enge Grenzen der Wirksamkeit gesetzt sind. Es hilft nichts, an den Willen des hysterisch Gelähmten zu appelieren, denn dieser will ja seine paralysierten Muskeln bewegen, aber er kann es nicht. Die für die Beeinflussung nötige Autorität erhält der Arzt freilich, wenn er den Kranken hypnotisiert: »Das Wort ist hier wirklich wieder zum Zauber geworden« (V, 306), weil unter dem Einfluß der

Psychische Behandlung will ... besagen: Behandlung von der Seele aus, Behandlung – seelischer oder körperlicher Störungen – mit Mitteln, welche zunächst und unmittelbar auf das Seelische des Menschen einwirken. Ein solches Mittel ist vor allem das Wort, und Worte sind auch das wesentliche Handwerkszeug der Seelenbehandlung. Der Laie wird es wohl schwer begreiflich finden, daß krankhafte Störungen des Leibes und der Seele durch »bloße« Worte des Arztes beseitigt werden sollen. Er wird meinen, man mute ihm zu, an Zauberei zu glauben. Er hat damit nicht so unrecht; die Worte unserer täglichen Reden sind nichts anderes als abgeblaßter Zauber. Es wird aber notwendig sein, einen weiteren Umweg einzuschlagen, um verständlich zu machen, wie die Wissenschaft es anstellt, dem Worte wenigstens einen Teil seiner früheren Zauberkraft wiederzugeben.

›Psychische Behandlung‹ (V, 289)

Hypnose die *Vorstellung* zur *Wirklichkeit* – zu etwas, das *wirkt* – wird, wie jene Vorstellungen, unter deren Einfluß der Kranke steht, aber von denen er im wachen Zustand nichts weiß. »Nebenbei bemerkt, eine solche Gläubigkeit, wie sie der Hypnotisierte für seinen Hypnotiseur bereit hat, findet sich außer der Hypnose im wirklichen Leben nur *beim Kinde gegen die geliebten Eltern*, und eine derartige Einstellung des eigenen Seelenlebens auf das einer anderen Person mit ähnlicher Unterwerfung hat ein einziges, aber dann vollwertiges Gegenstück in manchen *Liebesverhältnissen* mit voller Hingebung. Das Zusammentreffen von Alleinschätzung und gläubigem Gehorsam gehört überhaupt zur Kennzeichnung des Liebens.« (V, 307) Mit anderen Worten: Es ist die Liebe, die den Worten ihre Zauberkraft verleiht. Doch ebenso wie die Wirkung der Liebe ist auch die der Hypnose keineswegs so mächtig und vor allem andauernd, wie man wünscht. Der Kranke entwickelt gewissermaßen eine Sucht nach den Mitteln zur Vertreibung seiner Krankheit. Eine Erfahrung, die Freud auf sehr viel handfestere Weise bei seinem Versuch machte, Fleischls Morphinabhängigkeit durch das Kokain auszutreiben, wiederholt sich also auch auf dem Gebiet der »seelischen Behandlung«. Nur ist Freud mit dieser Erkenntnis nicht am Ende seiner Weisheit angelangt, sondern erst am Anfang.

Im Sommer 1892 wechselt Freud in seinen Briefen an Fließ vom »Sie« zum »Du«, und die Frequenz der Briefe erhöht sich erheblich. Außerdem beginnt Freud, Fließ Manuskripte zu schicken, so etwa am 8. Februar 1893 über ›Die Ätiologie der Neurosen‹, worin er zur Verhütung der durch schädliches Sexualverhalten wie Onanie und Coitus interruptus verursachten Neurosen empfiehlt: »Freier sexueller Verkehr der männlichen Jugend mit Mädchen freien Standes; er ist aber nur zu betreten, wenn unschädliche Mittel da sind, die Konzeption zu verhü-

Am 8. Oktober 1895 legt Freud seinem Brief an Fließ den ›Entwurf einer Psychologie‹, bei, in dem wir eine der konzisesten Analysen des Fremden finden: »Nehmen wir an, das Objekt, welches [die] W[ahrnehmung] liefert, sei dem Subjekt ähnlich, ein Nebenmensch. Das theoretische Interesse erklärt sich dann auch dadurch, daß ein solches Objekt gleichzeitig das erste Befriedigungsobiekt, im ferneren das erste feindliche Objekt ist, wie die einzige helfende Macht. Am Nebenmenschen lernt darum der Mensch erkennen. Dann werden die Wahrnehmungskomplexe, die von diesem Nebenmenschen ausgehen, zum Teil neu und unvergleichbar sein, seine Züge, etwa auf visuellem Gebiet; andere visuelle W[ahrnehmungen], z.B. die seiner Handbewegungen, aber werden im Subjekt

40 Sigmund Freud mit Wilhelm Fließ (1858–1928), Anfang der neunziger Jahre

ten.« Freuds immer noch recht konkretistische Vorstellung von der Bedeutung der (in schädlicher Weise praktizierten) Sexualität bei der Entstehung der Neurose wird jedoch schon früh durch andere Formulierungen konterkariert, in denen er die Rolle der Phantasie zu ahnen beginnt: »In der sexuellen Ätiologie der Neurosen sehe ich eine gute Möglichkeit, wieder eine Lücke auszufüllen. Die Angstneurosen jugendlicher Personen, die man für virginal ansehen muß, die nicht dem Mißbrauch unterworfen waren, glaube ich zu verstehen. Ich habe zwei solcher Fälle analysiert, es war das *ahnungsvolle Grausen* vor der Sexualität dahinter, Dinge, die sie gesehen oder gehört und halb verstanden hatten, also reine Affektätiologie, aber doch sexua-

über die Er[innerung] eigener ... visueller Eindrücke vom eigenen Körper fallen, mit denen die Er[innerungen] von selbst erlebten Bewegungen in Assoziation stehen. Noch andere Wahrnehmungen des Objektes, z. B. wenn es schreit, werden die Erinnerung an eigenes Schreien und damit an eigene Schmerzerlebnisse wecken. Und so sondert sich der Komplex des Nebenmenschen in zwei Bestandteile, von denen der eine durch konstantes Gefüge imponiert, als Ding beisammenbleibt, während der andere durch Erinnerungsarbeit verstanden, d. h. auf eine Nachricht vom eigenen Körper zurückgeführt werden kann.«

Ergänzungsband (426f.)

ler Art.« (30. Mai 1893) Wenn man will, kann man einen großen Teil der theoretischen Bemühungen in Freuds Briefen an Fließ als ein Ringen um die Erkenntnis der Bedeutung der Phantasien im psychischen Leben lesen.

Eine große Krise hat die Freundschaft mit Fließ zu bestehen, als eine von Freud behandelte Patientin wegen eines Kunstfehlers seines Freundes fast stirbt. Bei dieser Patientin handelt es sich um Emma Eckstein. Sie leidet unter hysterischen Angstsymptomen und außerdem an einem mit großen Schmerzen verbundenen Nasenbluten, welches Freud für psychogen hält. Da die Nase aber nun gerade das Organ ist, das im Mittelpunkt von Fließ' merkwürdigen Ambitionen steht, bittet Freud diesen, Eckstein in Wien zu untersuchen. Fließ führt eine Nasenoperation durch, welche das Leiden jedoch nicht beseitigt, sondern verschlimmert. Der Grund dafür ist, daß Fließ ein 50 Zentimeter langes Stück Gaze in der Wunde zurückgelassen hat. Als dieses vom Wiener Arzt Ignaz Rosanes entfernt wird, droht Emma Eckstein zu verbluten. Freud bemitleidet die arme junge Frau, aber noch mehr ist er darum besorgt, die Schuldlosigkeit seines Freundes – vor allem vor seinem eigenen kritischen Verstand – zu verteidigen. Ein Jahr nach der notwendigen Nachoperation, bei der Freud anwesend ist, jedoch das Zimmer verlassen muß, weil er fast ohnmächtig geworden wäre, kommt Freud gegenüber Fließ noch einmal auf Emma Eckstein zurück: »Zunächst mit der Eckstein. Ich werde Dir nachweisen können, daß Du recht hast, daß ihre Blutungen hysterische waren, aus *Sehnsucht* erfolgt sind und wahrscheinlich zu Sexualterminen. (Das Frauenzimmer hat mir aus Widerstand die Daten noch nicht besorgt.)« (26. April 1896)

Auch hier triumphiert die Phantasie über das Organische – nur, daß die große diagnostische Enthüllung »Wunschblutungen« (4. Juni 1896) mindestens so entlarvend in bezug auf Freud

Die *grande nation* kann die Idee nicht fassen, daß sie im Krieg besiegt werden kann. Ergo ist sie nicht besiegt worden, der Sieg gilt nicht; sie gibt das Beispiel einer Massenparanoia und erfindet den Wahn des Verrates.

Der Alkoholiker wird sich nie eingestehen, daß er durch Trinken impotent geworden ist. Soviel Alkohol er verträgt, diese Einsicht verträgt er nicht. Also ist die Frau die Schuldige – Eifersuchtswahn u. dgl.

An Fließ, 24. Januar 1895, Manuskript H

wie auf Emma Eckstein ist. Nie jedenfalls wird Freud müde, Fließ zu beteuern: »An dem Blut bist Du überhaupt unschuldig!«

Trauma und Phantasie

Am 15. Oktober 1995 teilt Freud Fließ »das große klinische Geheimnis« mit, das er gelüftet zu haben glaubt. Freud ist überzeugt, die Formel für die Ursache der Neurosen gefunden zu haben: »Die Hysterie ist die Folge eines präsexuellen *Sexualschrecks*. Die Zwangsneurose ist die Folge einer präsexuellen *Sexuallust*, die sich später in *Vorwurf* verwandelt.« Noch hat Freud kein Konzept einer »infantilen« Sexualität entwickelt, und so versucht er die offensichtlichen Paradoxa eines präsexuellen Sexualschrecks respektive präsexueller Sexuallust definitorisch so aufzulösen: »›Präsexuell‹ heißt eigentlich vor der Pubertät ..., die betreffenden Ereignisse wirken erst als *Erinnerungen*.« Einen Tag später ist er überzeugt, daß er mit dieser »Lösung des Rätsels« den Weg gefunden hat, der dahin führt, »daß beide Neurosen nun ganz allgemein heilbar sind, nicht die bloßen Symptome, sondern die neurotische Disposition überhaupt.«

Der theoretische Höhenflug Freuds geht einher mit einer erblühenden Praxis: »Ich habe Mühe nachzukommen, kann Unvorteilhaftes ablehnen und beginne meine Preise zu diktieren.« Kurz: Freud ist mit sich, seiner Familie und der Welt zufrieden. Im Dezember wird seine Tochter Anna geboren, die Wilhelm geheißen hätte, wäre sie ein Bub geworden. Damit ist die Familie Freud komplett. Anna, die jüngste, die heißt wie die Anna O. der ›Studien über Hysterie‹, wird das einzige der Kinder sein, das die Psychoanalyse zu seinem Beruf machen wird.

Selbst gegen wissenschaftliche Anfeindungen ist Freud nun ziemlich immun. Als er einen Vortrag über Hysterie im Psy-

Dein Urteil über die Hysterie-Zwangsneurosen-Lösung hat mich natürlich wahnsinnig gefreut. Nun höre weiter. In einer fleißigen Nacht der verflossenen Woche ... haben sich plötzlich die Schranken gehoben, die Hüllen gesenkt, und man konnte durchschauen vom Neurosendetail bis zu den Bedingungen des Bewußtseins. Es schien alles ineinanderzugreifen, das Räderwerk paßte zusammen, man bekam den Eindruck, das Ding sei jetzt wirklich eine Maschine und werde nächstens auch von selber gehen.

An Fließ, 20. Oktober 1895

chiatrischen Verein hält und der prominente Krafft-Ebing seine Ausführungen als »wissenschaftliches Märchen« bezeichnet hat, merkt er lediglich selbstbewußt an: »Und dies, nachdem man ihnen die Lösung eines mehrtausendjährigen Problems ... aufgezeigt hat! Sie können mich alle gern haben ...« (24. April 1896)

Ein einschneidendes Erlebnis in dieser Zeit ist schließlich der Tod des Vaters am 23. Oktober 1896. »Er hatte sich wacker gehalten bis zum Ende, wie er überhaupt ein nicht gewöhnlicher Mensch war.« (26. Oktober 1896)

Wie Freud viel später, im Vorwort zur zweiten Auflage der ›Traumdeutung‹ schreibt, ist es dieses Ereignis, das den Anstoß zu dem gegeben hat, was Freud seine »Selbstanalyse« nennt und als deren Produkt die ›Traumdeutung‹ gelten kann. Schon vorher hatte Freud am Rande Fließ davon berichtet, daß er sich mit Träumen beschäftigt, nun aber beginnt er, die Analyse von Träumen – vor allem eigenen – systematisch zu betreiben, mit dem Ziel der Grundlegung einer allgemeinen Psychologie. In dem Maße, in dem er seine Annahme ausspinnt, »daß das Gedächtnis nicht einfach, sondern mehrfach vorhanden ist, in verschiedenen Arten von Zeichen niedergelegt« und »unser psychischer Mechanismus durch Aufeinanderschichtung entstanden ist, indem von Zeit zu Zeit das vorhandene Material von Erinnerungsspuren eine Umordnung nach neuen Beziehungen, eine Umschrift erfährt« (6. Dezember 1896), kann er einen Begriff der »psychischen Realität« entwickeln, wodurch sich die Bedeutung des sexuellen Traumas als Ursache der Neurose relativiert. In den ›Studien über Hysterie‹ hatte Freud (I, 85) geschrieben, das »psychische Trauma, respektive die Erinnerung an dasselbe« wirke »nach Art eines Fremdkörpers ..., welcher noch lange Zeit nach seinem Eindringen als gegenwärtig wirkendes Agens gelten muß«. Im Lichte der neuen Einsicht treten Trauma und Erinnerung noch

Freud über den Tod seines Vaters: Auf irgendeinem der dunkeln Wege hinter dem offiziellen Bewußtsein hat mich der Tod des Alten sehr ergriffen. Ich hatte ihn sehr geschätzt, sehr genau verstanden, und er hat viel in meinem Leben gemacht, mit der ihm eigenen Mischung von tiefer Weisheit und phantastisch leichtem Sinn. Er war lange ausgelebt, als er starb, aber im Innern ist wohl alles Frühere bei diesem Anlaß aufgewacht ... Ich habe nun ein recht entwurzeltes Gefühl. *An Fließ, 2. November 1896*

weiter auseinander, die Erinnerung beginnt ein Eigenleben jenseits der objektiven Tatsachen ihrer »Verursachung« zu führen.

Doch das neue theoretische Paradigma benötigt einige Zeit zu seiner Durchsetzung. Immer wieder scheint es Freud, als sei es doch das objektive Trauma, der faktische sexuelle Mißbrauch, jene eindeutig wirksame psychische Verletzung, welche den Kern der Neurose ausmacht. Am 8. Februar 1897 schreibt er gar: »Leider ist mein eigener Vater einer von den perversen gewesen und hat die Hysterie meines Brunders ... und einiger jüngerer Schwestern verschuldet.« Doch »die Häufigkeit dieses Verhältnisses macht mich oft bedenklich«. Langsam, aber sicher zersetzt sich die Mißbrauchsthese aufgrund ihrer statistischen Unwahrscheinlichkeit und nicht zuletzt auch therapeutischen Unbrauchbarkeit. Schließlich, im Brief vom 21. September 1897, erfolgt der Durchbruch in Gestalt einer theoretischen Krise: »Und nun will ich Dir sofort das große Geheimnis anvertrauen, das mir in den letzten Monaten langsam gedämmert hat. Ich glaube an meine Neurotica nicht mehr.« Dieser Unglaube verwandelt sich für Freud in die »sichere Einsicht, daß es im Unbewußten ein Realitätszeichen nicht gibt, so daß man die Wahrheit und die mit Affekt besetzte Fiktion nicht unterscheiden kann. (Demnach blieb die Lösung übrig, daß die sexuelle Phantasie sich regelmäßig des Themas der Eltern bemächtigt.)«

Damit ist für Freud eine einfache Erklärung der Neurosen endgültig hinfällig geworden; aber die

41 **Dora** (d. i. Ida Bauer) wird als fast Achtzehnjährige im Oktober 1900 nach einer Selbstmorddrohung zu Freud geschickt. Die Analyse dauert nur drei Monate und endet im Streit. Dennoch ist die 1905 veröffentliche Dora-Fallgeschichte (›Bruchstück einer Hysterie-Analyse‹) ein wichtiges Dokument für Freuds neue psychoanalytische Behandlungstechnik: »Ich lasse nun den Kranken selbst das Thema der täglichen Arbeit bestimmen und gehe also von der jeweiligen Oberfläche aus, welche das Unbewußte in ihm seiner Aufmerksamkeit entgegenbringt« (V, 169). Neu ist auch die große Bedeutung, die Freud hier der Traumdeutung beimißt.

Komplikation erweist sich als Chance: Die Psychoanalyse kann sich endgültig vom kriminalistischen Modell der Wahrheitsfindung verabschieden, der Suche nach den schuldigen Verursachern. Nicht, daß es nicht tatsächlich Eltern gäbe, die sich im juristischen Sinne des Mißbrauchs ihrer Kinder schuldig machten; und nicht, daß solcher Mißbrauch die Kinder nicht psychisch schwer traumatisierte. Wesentlich ist vielmehr, daß solche Vorkommnisse nicht als die sowohl hinreichende als auch notwendige Bedingung der Entstehung einer Neurose betrachtet werden können. Es gibt Mißbrauch ohne Neurose und Neurose ohne Mißbrauch. Diese Feststellung, die Freud machen muß, öffnet ihm den Zugang zur »psychischen Realität« seiner Patienten.

Freilich geht mit der Aufgabe der Verführungstheorie ein wertvoller Gedanke verloren: nämlich der einer *universellen Verführung* des Kindes durch die Erwachsenen jenseits bösartiger Übergriffe. Indem Freud die These von der konkreten Verführung aufgibt, verpaßt er den Weg zu einer »allgemeinen Verführungstheorie« (Jean Laplanche), einer Theorie der unausweichlichen und notwendigen Verführung. Unausweichlich und notwendig deshalb, weil das Kind von seinen Pflegepersonen, von denen es abhängig ist, unweigerlich mit deren erwachsenem Unbewußten konfrontiert wird: mit unbewußten sexuellen Inhalten, die es für sich entschlüsseln muß. Die »kindliche Sexualität«, die Freud entdeckt, ist dann nicht einfach ein biologisches Entwicklungsstadium, sondern Antwort auf das sexuelle Unbewußte, das es gleichsam mit der Muttermilch trinkt. Rückblickend auf die neunziger Jahre wird Freud etwa 30 Jahre später schreiben: »In der Zeit, da das Hauptinteresse auf die Aufdeckung sexueller Kindheitstraumen gerichtet war, erzählten mir fast alle meine weiblichen Patienten, daß sie vom Vater verführt worden waren. Ich mußte endlich zur Einsicht kommen, daß diese Berichte unwahr seien, und lernte so verstehen, daß

Erinnerst Du Dich, daß ich immer gesagt, die Theorie des Mittelalters und der geistlichen Gerichte von der Besessenheit sei identisch mit unserer Fremdkörpertheorie und Spaltung des Bewußtseins? Warum aber hat der Teufel, der die Armen in Besitz genommen, regelmäßig Unzucht mit ihnen getrieben und auf ekelhafte Weise? Warum sind die Geständnisse auf der Folter so ähnlich den Mitteilungen meiner Patienten in der psychischen Behandlung?

An Fließ, 17. Januar 1897

42 Freud, ca. 1898

die hysterischen Symptome sich von Phantasien, nicht von realen Begebenheiten ableiten. Später erst konnte ich in dieser Phantasie von der Verführung durch den Vater den Ausdruck des typischen Ödipuskomplexes beim Weibe erkennen. Und nun findet man in der präödipalen Vorgeschichte der Mädchen die Verführungsphantasie wieder, aber die Verführerin ist regelmäßig die Mutter. Hier aber berührt die Phantasie den Boden der Wirklichkeit, denn es war wirklich die Mutter, die bei den Verrichtungen der Körperpflege Lustempfindungen am Genitale hervorrufen, vielleicht sogar zuerst erwecken mußte.« (XV, 128f.)

Im Sommer 1901 kündigt Freud Fließ an, daß der Titel seiner nächsten Arbeit ›Die menschliche Bisexualität‹ lauten werde. Er teilt diese Nachricht seinem Freund im selben Brief mit, in dem er eine zwischen beiden entstandene »Distanz« konstatiert (eine dezente Umschreibung für den eigentlich schon vollzogenen Bruch). Das geplante Werk soll dessen ungeachtet – ebenso wie die zu dieser Zeit im Druck befindliche ›Psychopathologie des

Die Mutter würde wahrscheinlich erschrecken, wenn man ihr die Aufklärung gäbe, daß sie mit all ihren Zärtlichkeiten den Sexualtrieb ihres Kindes weckt und dessen spätere Intensität vorbereitet. Sie hält ihr Tun für asexuelle »reine« Liebe, da sie es doch sorgsam vermeidet, den Genitalien des Kindes mehr Erregungen zuzuführen, als bei der Körperpflege unumgänglich ist. Aber der Geschlechtstrieb wird nicht nur durch Erregung der Genitalzone geweckt ...; was wir Zärtlichkeit heißen, wird unfehlbar eines Tages seine Wirkung auch auf die Genitalzonen äußern *›Drei Abhandlungen‹ (V, 124)*

Alltagslebens‹ – »Zeugnis für die Rolle ablegen, die Du bei mir bis jetzt gespielt hast«: »Ich habe dafür vorläufig nur eines, die Haupterkenntnis, die sich seit längerer Zeit auf der Idee aufgebaut hat, daß die Verdrängung, mein Kernproblem, nur durch Reaktion zwischen zwei sexuellen Strömungen möglich ist ... Die Idee selbst ist Deine. Du erinnerst Dich, ich habe Dir vor Jahren gesagt, die Lösung liegt in der Sexualität ..., und Du hast Jahre später korrigiert: in der Bisexualität, und ich sehe, Du hast recht ... Das ist also das nächste Zukunftsprojekt, das uns hoffentlich wieder recht ordentlich auch in wissenschaftlichen Dingen einigen wird.« (An Fließ, 7. August 1901) Wie wir wissen, ist Freuds Arbeit über die Bisexualität niemals geschrieben worden. Freilich ist es nicht zufällig, daß Freud gerade das Thema der Bisexualität wählt, um den unübersehbaren Riß in der Freundschaft zu kitten. Dieses Thema ist die einzige originelle Idee Fließ', die Freud tatsächlich so bedeutsam findet, daß er ihr zeitlebens die Treue hält. Sie hat im übrigen, wie Freud selbst in der ›Psychopathologie des Alltagslebens‹ berichtet (IV, 159f.), für kurze Zeit jenes Schicksal erlitten, das große Ideen auszuzeichnen scheint: das Vergessenwerden und die Wiederentdeckung. Freud erinnert sich, Fließ gegenüber behauptet zu haben, das Problem der Neurose lasse sich nur unter »der Annahme einer ursprünglichen Bisexualität des Individuums« lösen. »Ich erhielt zur Antwort: ›Das habe ich dir schon vor zweieinhalb Jahren ... gesagt ... Du wolltest damals nichts davon hören.‹«

Der Autor des »hochbedeutsamen, leider von der Wissenschaft nicht genug geschätzten Buches über den Traum« befand sich vier Tage lang in Berchtesgaden vortrefflich, *au sein de sa famille*, und ließ sich nur durch einen Rest von Schamgefühl abhalten, Dir *keine* Ansichtskarte vom Königssee zu schicken. Die Wohnung ist ein kleines Juwel an Sauberkeit, Einsamkeit und Aussicht, die Frauen und Kinder behagen sich sehr und sehen vortrefflich aus. Annerl wird geradezu schön vor Schlimmheit. Die Buben sind bereits zivilisierte und genußfähige Menschen. Martin ist ein komischer Kauz, feinsinnig und gutmütig in seinen Privatverhältnissen, ganz in eine humoristisch phantastische Welt eingesponnen. Wir gehen z.B. an einer kleinen Höhle im Felsen vorüber. Er beugt sich hinab und fragt: Ist der Herr Drache zu Hause? Nein, nur die Frau Drachin. Guten Tag, Frau Drachin. Der Herr ist nach München geflogen? Sagen Sie ihm, ich werde ihn nächstens besuchen und ihm Bonbons mitbringen – der Name »Drachenloch« zwischen Salzburg und Berchtesgaden hat das veranlaßt. Oli ordnet hier Berge wie in Wien Stadtbahn- und Tramwaylinien. Sie halten auch sehr gut und neidlos zusammen. *An Fließ, 3. Juli 1899*

Es gehört zur Ironie des Schicksals, daß das offenbar brisante Thema der Bisexualität, weit entfernt davon, die neue Grundlage für gemeinsame Arbeit zu schaffen, zum definitiv entzweienden Moment zwischen Freud und Fließ wird. 1904 nämlich beschuldigt Fließ Freud in einer überaus zähen, sich über mehr als zwei Jahre hinziehenden Affäre, dem angeblichen Plagiat Otto Weiningers hinsichtlich der Idee der Bisexualität in dessen Buch ›Geschlecht und Charakter‹ Vorschub geleistet zu haben, indem er einem Freund Weiningers, dem Psychologen Hermann Swoboda, gegenüber allzu freizügig von Fließ' Theorie berichtet habe. Wie Freud selbst anerkennt, war er wohl tatsächlich an dem Ideendiebstahl nicht ganz unschuldig, und so versucht er, das heikle Thema, statt es zum Gegenstand einer eigenen Arbeit zu machen, vorsichtig zu umschiffen: »Ich stelle gegenwärtig ›Drei Abhandlungen zur Sexualtheorie‹ fertig, in denen ich dem Thema der Bisexualität möglichst ausweiche.« (An Fließ, 23. Juli 1904)

Sowenig es Freud gelingt, dem Thema für immer auszuweichen, sowenig kann er es in die psychoanalytische Theorie über die Erwähnung in mehr oder minder isolierten Aperçus hinausgehend integrieren. Immer wieder taucht die Bisexualität in seinem Werk auf, und immer bleibt sie im Grunde ein theoretisch unverdauter Brocken, ein unassimilierter Fremdkörper im begrifflichen Gespinst der Psychoanalyse. In Freuds letzter großer Schrift, dem Fragment gebliebenen ›Abriß der Psychoanalyse‹, wird dieses Faktum noch einmal unumwunden eingestanden: »In grosser Rätselhaftigkeit erhebt sich vor uns die biologische Tatsache der Zweiheit der Geschlechter, ein Letztes für unsere Kenntnis, jeder Zurückführung auf Anderes trotzend.« (XVII, 114f.) Der Plagiat-Streit um das Thema der Bisexua-

43 Die Söhne Oliver, Martin und Ernst in Berchtesgaden, 1902

44 Salon der Freudschen Wohnung, ca. 1900

liät beendet eine Freundschaft, die für Freud schon lange nicht mehr jene Bedeutung hat, die ihr an ihrem Beginn zugekommen war. Am 21. September 1899, mitten in den Korrekturen der ›Traumdeutung‹, an denen Fließ ausgiebig beteiligt ist, hatte Freud den zweideutigen Satz geschrieben: »Ich kann Dich aber, den Repräsentanten des ›Anderen‹, leider nicht entbehren und – habe wieder 60 Blätter für Dich.« Diese Worte markieren zugleich den Höhepunkt und den Umschlag einer jahrzehntelangen Beziehung, während derer der ferne Freund in Berlin die wichtigste Übertragungsfigur in Freuds Leben war, jener Mensch, an den er die Formulierungen seiner Erkenntnisse adressierte. Mit der Veröffentlichung der ›Traumdeutung‹ hat Fließ diese Funktion verloren.

Die Biologie hat uns übrigens die Charakteristik von männlich und weiblich noch nicht geben können – wenn sie nicht in den Fließ'schen Zahlen 23 und 28 liegt. Mit der bürgerlich-sozialen Unterscheidung der Geschlechter, wie sie Adler aufnimmt, ist nichts als Verwirrung u. Verzerrung zu erreichen. Die Psychoanalyse für sich weist nicht auf den Kampf der Geschlechter, sondern auf den der beiden Grundtriebe als Aetiologie der Neurosen hin. Wie es von da weiter in die biologische Sexualität geht, wissen wir noch nicht.

An August Stärcke, 7. März 1912 (SFC)

»Das Geheimnis des Traumes«

Alles, was die Psychoanalyse seither gefunden hat, findet man schon in der ›Traumdeutung‹. Ferenczi an Freud, 15. April 1918

»Die Psychoanalyse ist sozusagen mit dem zwanzigsten Jahrhundert geboren; die Veröffentlichung, mit welcher sie als etwas Neues vor die Welt tritt, meine ›Traumdeutung‹, trägt die Jahreszahl 1900.« (XIII, 405) Die Vordatierung des bereits im November 1899 veröffentlichten Werks auf das neue Jahrhundert wird gewöhnlich als Indiz für die Bedeutung betrachtet, die Freud seinem umfangreichsten und im Laufe der Jahre immer wieder umgearbeiteten und ergänzten Werk beimißt. Vielleicht war es auch nur die Vorliebe des Verlegers für runde Zahlen, welche die ›Traumdeutung‹ vom ausgehenden 19. Jahrhundert ins beginnende 20. beförderte. Im Vorwort, das er der dritten englischen Auflage von 1931 voranstellt, erklärt Freud jedenfalls: »Insight such as this falls to one's lot but once in a lifetime« – Einsichten wie diese fallen einem nur einmal im Leben zu.

In den ersten sechs Jahren werden zwar nur 351 Exemplare des Buches verkauft; nach 1909 jedoch erscheinen in steter Folge Neuauflagen, und die ›Traumdeutung‹ wird zu einem »steadyseller« der Psychoanalyse. Freud ist von

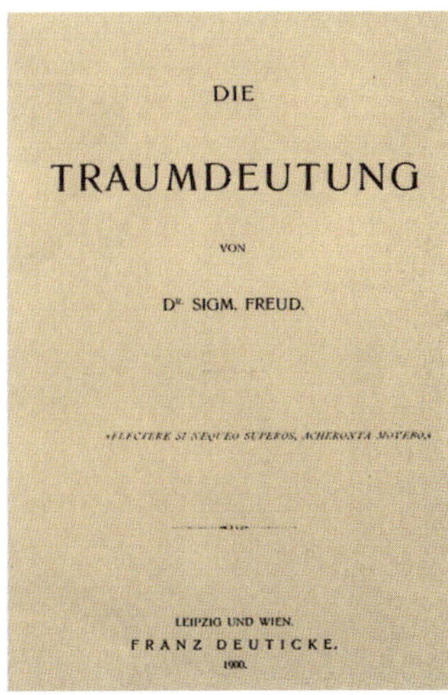
DIE

TRAUMDEUTUNG

VON

DR. SIGM. FREUD.

»FLECTERE SI NEQUEO SUPEROS, ACHERONTA MOVEBO.«

LEIPZIG UND WIEN.
FRANZ DEUTICKE.
1900.

45 Titelblatt der ›Traumdeutung‹. 1. Auflage – Leipzig und Wien: Deuticke, 1900. Das Motto stammt aus Vergils ›Äneis‹: »Flectere si nequeo superbos, acheronta movebo«. (Wenn ich die höheren Mächte nicht beugen kann, werde ich die Unterwelt aufrühren.)

Auf den folgenden Seiten werde ich den Nachweis erbringen, daß es eine psychologische Technik gibt, welche gestattet, Träume zu deuten, und daß bei Anwendung dieses Verfahrens jeder Traum sich als sinnvolles psychisches Gebilde herausstellt... (II/III, 13)

der Aufnahme seines Werkes sehr enttäuscht; aber wenn man die ersten Rezensionen der ›Traumdeutung‹ liest, so läßt sich der Vorwurf der totalen Ignoranz oder völligen Verständnislosigkeit gegenüber Freuds *opus magnum* nicht aufrechterhalten.

Für Freud ist der Traum das Modell für das Psychische und dessen Ausdrucksformen überhaupt: für das neurotische Symptom ebenso wie für die Kunst; was immer die Seele an Sinn und Unsinn, an Geschichten, Witzen, Phobien und Versprechern hervorbringt, sie folgt dabei stets dem Muster der Traumproduktion. Während Breuer in den ›Studien über Hysterie‹ in Freuds Augen eine »sozusagen noch physiologische Theorie« der Hysterie aufstellte, zielte Freud seinerzeit bereits auf mehr, nämlich eine allgemeine Theorie des Seelischen, zu der die Analyse der Hysterie nur *einen* möglichen Zugang darstellen sollte: »Ich hatte mir die Sache weniger wissenschaftlich zurechtgelegt, witterte überall Tendenzen und Neigungen analog denen des täglichen Lebens ...« (X, 48) Der Traum bietet nun für Freud die Gelegenheit zu zeigen, daß »normale« wie »krankhafte« Erscheinungen des Seelischen denselben Gesetzen gehorchen. Einerseits ist der Traum ein völlig normales Phänomen; andererseits gleicht er den Halluzinationen der Wahnkranken. Wenn der Traum ein Wahn ist, der jeden von uns nächtlicherweise heimsucht, so ist der Wahn vielleicht nur eine besondere Form der Fortsetzung des Traumes ins Wachleben. Der wesentliche Unterschied zwischen Wahn und Traum ist dann lediglich der, daß wir aus letzterem spontan aufzuwachen pflegen.

Träume haben etwas zugleich Apodiktisches und Rätselhaftes, und gerade in diesem Zwiespalt liegt ihr Faszinosum. Seit Menschengedenken wird kaum daran gezweifelt, *daß* Träume uns etwas sagen wollen; aber *was* sie uns sagen, gilt nicht als unmittelbar evident, sondern als deutungsbedürftig. So auch für Freud. Freuds ›Traumdeutung‹ besteht aus sieben Kapiteln, die von ei-

---

B'nai B'rith [hebr. »Söhne des Bundes«]. Freud tritt der (1843 in New York gegründeten) jüdischen Wiener Loge am 29. September 1897 bei und beteiligt sich in den ersten zwölf Jahren aktiv am Vereinsleben, das in erster Linie die Verbreitung humanitärer Ideen fördert. So ist Freud Mitglied des »Komitees für geistige Interessen« (während einiger Jahre sogar Vorsitzender), des »Friedenskomitees« sowie des »Recherchierkomitees«, dem Prüfungsauschuß bei der Aufnahme neuer Mitglieder. Der erste Vortrag, den er am 7. Dezember 1897 in der Loge Wien hält, behandelt die »Traumdeutung«; 1899 spricht er noch einmal über dasselbe Thema.

Die Laienmeinung ... bedient sich ihres guten Rechts, inkonsequent zu verfahren, und obwohl sie zugesteht, der Traum sei unverständlich und absurd, kann sie sich doch nicht entschließen, dem Traume jede Bedeutung abzusprechen. Von einer dunkeln Ahnung geleitet, scheint sie doch anzunehmen, der Traum habe einen Sinn, wiewohl einen verborgenen, er sei zum Ersatze eines anderen Denkvorganges bestimmt, und es handle sich nur darum, diesen Ersatz in richtiger Weise aufzudecken, um zur verborgenen Bedeutung des Traumes zu gelangen. Die Laienwelt hat sich darum von jeher bemüht, den Traum zu »deuten« ... *›Die Traumdeutung‹ (II/III, 100f.)*

ner Übersicht über die bisherige Literatur bis zum Kapitel über die »Psychologie der Traumvorgänge« reichen, in dem er ein Modell des »psychischen Apparats« entwirft. Die Überschrift des dritten Kapitels faßt die wesentliche These des Werks zusammen: »Der Traum ist eine Wunscherfüllung.«

Eine antike Traumdeutung, in der Freud seine eigene Methode wiedererkennt, ist die eines Traumes von Alexander dem Großen. Während der Belagerung der hartnäckig verteidigten Stadt Tyros träumt dieser von einem tanzenden Satyr. Sein Traumdeuter Aristandros greift das Wort »Satyros« auf und zerlegt es in die Bestandteile »sa« und »Tyros«, »dein ist Tyros«, und verspricht ihm damit den Sieg über die Stadt. »Alexander ließ sich durch diese Deutung bestimmen, die Belagerung fortzusetzen, und nahm endlich Tyros ein. Die Deutung, die gekünstelt genug aussieht, war unzweifelhaft die richtige.« (XI, 243) Natürlich glaubt Freud keineswegs an die prophetische Bedeutung von Träumen; aber dennoch erkennt er in ihnen etwas, das unzweifelhaft in die Zukunft weist: den Wunsch des Träumers nämlich, der sich (in verstellter Form) als erfüllt im Traum darstellt.

Die Grundannahmen Freuds über den Traum lassen sich in knappster Form so zusammenfassen: Was der Träumer erinnert, ist der *manifeste* Trauminhalt; aus dem durch Deutung der *latente* Gehalt an *unbewußten Traumgedanken* gewonnen wird.

Die Titel späterer Vorträge lauten: ›Das Seelenleben des Kindes‹, ›*Fécondité* von Emile Zola‹ (1900), ›Ziele und Zwecke des Ordens B'nai B'rith‹, ›Zufall und Aberglaube‹ (1901), ›Die Stellung der Frau im Rahmen unseres Vereins‹ (1902), ›Hammurabi‹ (1904), ›Psychologie im Dienste der Rechtspflege‹ (1907), ›Kindertaufen‹ (1908), ›Das Hamlet-Problem‹(1911), ›Was ist Psychoanalyse?‹ (1914), ›Wir und der Tod‹ (1915), ›La Révolte des Anges‹ (1916), ›Phantasie und Kunst‹ (1917), ›Der Aberglaube bei den Juden‹ (1928).

Dieser latente Traumgehalt stellt einen verdrängten (infantilen) Wunsch als erfüllt dar, welcher beim Träumenden durch ein aktuelles Ereignis – den sogenannten *Tagesrest* – erneut geweckt wurde. Fremdartig erscheint der Traum darum, weil die meisten dieser Wünsche dem Träumer selbst fremd, nämlich unbewußt, sind. Das Wesentliche des Traums sind die Mechanismen der *Traumarbeit,* die unter dem Einfluß einer innerpsychischen *Zensur* die latenten Traumgedanken in den manifesten Traum verwandeln. Konstruieren wir gemäß diesen Annahmen ein Beispiel. *Ich bin ein Ornithologe* – so soll der kurze Traumtext lauten, den ein Träumer noch erinnert. Was ihm zu diesem manifesten Traumstück einfällt? *Ein Fernglas.* Und weitere Assoziationen? *Als Ornithologe müsse man früh aufstehen, um die Vögel zu beobachten.* Aha, murmelt der fiktive Analytiker an dieser Stelle, was war eigentlich gestern, bevor Sie diesen Traum hatten? Der Träumer denkt nach. *Nichts Besonderes,* antwortet er schließlich. *Am Abend hatte ich allerdings eine kleine Auseinandersetzung mit meiner Frau. Sie meinte, ich solle endlich einmal früher ins Bett kommen. Dabei wollte ich eigentlich noch Fernsehen schauen. Auf »Arte« lief nämlich eine Dokumentation über das menschenverachtende Frauenbild im Pornofilm ... Aber ich habe meiner Frau schließlich nachgegeben. Was allerdings soll das mit dem Ornitholgen-Traum zu tun haben ...?*

Fiktive Träume lassen sich darum so gut deuten, weil man dabei nur die Ostereier finden muß, die man vorher selbst versteckt hat. Hinter dem Vogelbeobachter entdecken wir also als latenten Traumgehalt den Wunsch, beim *Vögeln* zuzuschauen. Einen Wunsch, dessen Erfüllung die Ehefrau vereitelt, indem sie den Analysanden ins Bett ruft. Da dieser ein von unseren Gnaden erfundener ist, fällt ihm zu unserer Deutung prompt auch eine Geschichte aus seiner Kindheit ein. Wie er von den Eltern immer früh ins Bett geschickt wurde; und er schlaflos in seinem

Ein junger Mann hat einen sehr deutlichen Traum, der ihn an bewußt gebliebene Phantasien seiner Knabenjahre mahnt: Er befindet sich abends in einem Sommerhotel, irrt sich in der Zimmernummer und kommt in einen Raum, in dem sich eine ältere Dame und ihre zwei Töchter entkleiden, um zu Bette zu gehen. Er setzt fort: *Dann sind einige Lücken im Traum, da fehlt etwas,* und am Ende war ein Mann im Zimmer, der mich hinauswerfen wollte, mit dem ich ringen mußte. Er bemüht sich vergebens, den Inhalt und die Absicht jener knabenhaften Phantasie zu erinnern, auf die der Traum offen-

Bett lag und sich die merkwürdigen Geräusche aus dem Elternschlafzimmer zu deuten versuchte. Einmal aber, in den Ferien, sei er von denselben Lauten, die ihn sonst am Einschlafen hinderten, frühmorgens geweckt worden, und da sie ihm ja nicht verboten hatten, am Morgen aufzustehen, sei er in das Zimmer seiner Eltern gelaufen ... Und wir wissen nun, warum Ornitholgen früh aufstehen müssen, um Vögel zu beobachten.

Als die »beiden Werkmeister, deren Tätigkeit wir die Gestaltung des Traumes hauptsächlich zuschreiben dürfen« (II/III, 313), nennt Freud die *Verdichtung* und die *Verschiebung*. Bei der Verdichtung werden *mehrere* Traumgedanken zu *einem* Element des manifesten Trauminhalts komprimiert. Die Verdichtung ist also ein Ausdrucksmittel, das mehrere Fliegen mit einer Klappe trifft. Die Verschiebung läßt sich dagegen am einfachsten mit einer anderen (freilich ähnlich gewalttätigen) Redensart illustrieren: Sie meint den Sack und schlägt den Esel. Nicht nur Bedeutungen werden im Traum auf diese Weise *verschoben*, sondern auch Gefühle. So kann es geschehen, daß wir im Traum über eine traurige Szene lachen oder aber über eine lustige Begebenheit weinen müssen.

Es ist interessant, daß der Begriff der »Übertragung«, der in Freuds späteren behandlungstechnischen Schriften die Tatsache beschreibt, daß der Analysand sich gegenüber dem Analytiker auf eine Art verhält, die der Wiederbelebung der Beziehung zu früheren Liebesobjekten entspricht, in der ›Traumdeutung‹ eine weit grundsätzlichere Tatsache bezeichnet: nämlich die Übertragung der psychischen Intensität, mit der eine unbewußte Vorstellung ausgestattet ist, auf einen Inhalt des Bewußtseins, welcher damit gewissermaßen mit dem unbewußten Wunsch aufgeladen wird.

Der »Rücksicht auf Darstellbarkeit« verdanken wir die Verwandlung sprachlicher Gedanken vor allem in bildliche Ele-

bar anspielt. Aber man wird endlich aufmerksam, daß der gesuchte Inhalt durch die Äußerung über die undeutliche Stelle des Traumes bereits gegeben ist. Die »Lücken« sind die Genitalöffnungen der zu Bette gehenden Frauen: »da fehlt etwas« beschreibt den Hauptcharakter des weiblichen Genitales. Er brannte in jenen jungen Jahren vor Wißbegierde, ein weibliches Genitale zu sehen, und war noch geneigt, an der infantilen Sexualtheorie, die dem Weibe ein männliches Glied zuschreibt, festzuhalten.

›Die Traumdeutung‹ (II/III, 337f.)

In dem Bestreben, die gebotenen Sinneseindrücke verständlich zusammenzusetzen, begehen wir oft die seltsamsten Irrtümer oder fälschen selbst die Wahrheit des uns vorliegenden Materials ... Wir lesen über sinnstörende Druckfehler hinweg, indem wir das Richtige illusionieren ... Es ist wohl keine andere psychische Instanz als unser normales Denken, welche an den Trauminhalt mit dem Anspruch herantritt, er müsse verständlich sein, ihn einer ersten Deutung unterzieht und dadurch das volle Mißverständnis desselben herbeiführt. *›Die Traumdeutung‹ (II/ III, 504)*

mente. Die Symbole im Traum stellen in der Regel den Körper und insbesondere den Geschlechtsunterschied dar (z. B. den Phallus als Kirchturm) sowie existentielle Grenzsituationen wie Geborenwerden und Sterben. Der wesenlich für die Herstellung des Traumes verantwortliche Mechanismus der Traumarbeit ist die »sekundäre Bearbeitung«. »Sekundär« ist hier nicht nicht in einem zeitlichen, sondern vielmehr in einem logischen Sinne zu verstehen, indem das von der Traumarbeit hergestellte Produkt solchen Ansprüchen an Zusammenhang und Verständlichkeit zu genügen hat, wie wir sie im Wachen etwa an einen Film oder eine Geschichte stellen.

46 Freud hegte ausgesprochen starke Vorbehalte gegenüber allen Formen einer Verbildlichung seiner Theorie, insbesondere auch im Hinblick auf die Surrealisten. Dalís ›Traum-Visionen‹ zu Hitchcocks ›Spellbound‹ (1945) sind nichtsdestotrotz ein virtuoser Rekurs auf Freuds Psychoanalyse und seine ›Traumdeutung‹; siehe auch S. 147f.

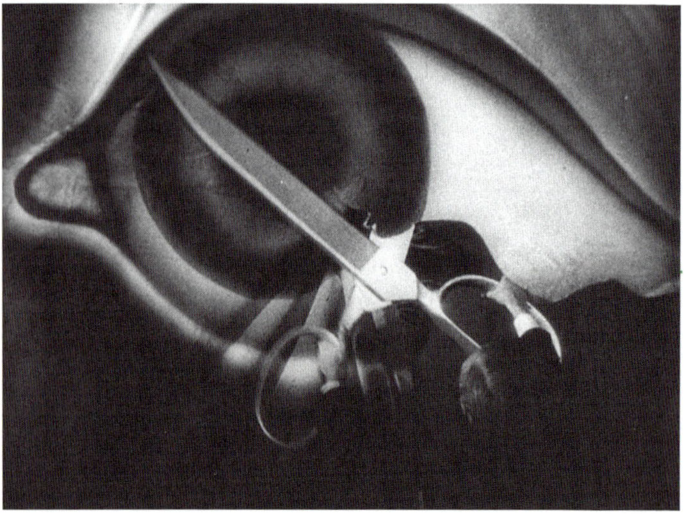

Rom, Psychopathologie, Sexualität und Witz

Mit der ›Traumdeutung‹ hat Freud das Fundament der Psychoanalyse gelegt. Ein Fundament freilich, auf dem aufzubauen zugleich bedeutet, es immer wieder umzubauen.

Die ›Traumdeutung‹ hatte den Graben zwischen normalen und pathologischen psychischen Phänomenen eingeebnet und das Verhältnis von beiden als ein Kontinuum ausgewiesen. Für Freuds Theorie essentiell ist statt dessen der von ihr postulierte Bruch zwischen Bewußtem und Unbewußtem, welcher die Psyche als solche geradezu konstituiert.

»Im ganzen habe ich ja schon oft bemerkt«, schreibt Freud kurz nach Erscheinen der ›Traumdeutung‹ an Fließ, »daß Du mich sehr zu überschätzen pflegst ... Ich bin nämlich gar kein Mann der Wissenschaft, kein Beobachter, kein Experimentator, kein Denker. Ich bin nichts als ein Conquistadorentemperament, ein Abenteurer ... mit der Neugierde, der Kühnheit und der Zähigkeit eines solchen. Solche Leute pflegt man nur zu schätzen, wenn sie Erfolg gehabt ... Gegenwärtig bin ich aber vom Glück verlassen, ich finde nichts Rechtes mehr.« (1. Februar 1900) In diesen Worten schwingt ein gerüttelt Maß an Koketterie mit: Es ist die Klage des Eroberers, der nach einem großen Erfolg gelangweilt über die Aussicht, das Erreichte nur noch verteidigen zu müssen, sich nach neuen Abenteuern sehnt. Wenigstens eine kleine neue Eroberung ist seine Überwindung der Hemmung, nach Rom zu reisen. In der ›Traumdeutung‹ berichtet Freud mehrere Träume, »denen die Sehnsucht, nach *Rom* zu kommen, zugrunde liegt« (II/III, 199). 1900 meint Freud, sie »wohl noch lange Zeit durch Träume befriedigen« zu müssen.

Eines Morgens erwachte ich, es war im Hochsommer, in einem tirolischen Höhenort, mit dem Wissen, geträumt zu haben: *Der Papst ist gestorben.* Die Deutung dieses kurzen, nicht visuellen Traumes gelang mir nicht. ... Aber im Laute des Vormittags fragte meine Frau: »Hast du heute morgens das fürchterliche Glockenläuten gehört?« Ich wußte nichts davon, daß ich es gehört hatte, aber ich verstand jetzt meinen Traum. Er war die Reaktion meines Schlafbedürfnisses auf den Lärm gewesen, durch den die frommen Tiroler mich wecken wollten. *›Traumdeutung‹ (II/III, 238)*

In der Auflage von 1909 fügt er dann die Fußnote ein: »Ich habe seither längst erfahren, daß auch zur Erfüllung solcher lange für unerreichbar gehaltenen Wünsche nur etwas Mut erfordert wird«, und 1925 ergänzt er diesen Satz: »und seitdem bin ich dann eifriger *Rom*pilger geworden« (II/III, 199). Mit etwas Mut wagt Freud sich – zunächst im Traum – in die Heilige Stadt, Zentrum des Katholizismus und des Antisemitismus, in kämpferischer Stimmung, identifiziert mit Hannibal: »*Hannibal* und *Rom* symbolisierten dem Jüngling den Gegensatz zwischen der Zähigkeit des Judentums und der Organisation der katholischen Kirche.« Und Freud erinnert sich der antisemitischen Pöbelei, von der sein Vater ihm erzählt hatte: Ein Christ hatte Jacob Freud vom Trottoir verdrängt und dessen neue Pelzmütze auf die Straße geworfen. Und Jacob Freud hatte sie klaglos aufgehoben. Sein Sohn Sigmund träumt sich nun in Rachestimmung nach Rom. Im September 1901 setzt Freud seinen Traum, Rom zu sehen, zum ersten Mal in die Wirklichkeit um (zusammen mit seinem Bruder Alexander). Die Reise nach Rom wird für Freud zur Reise zum Judentum des nachträglich idealisierten Vaters. Er besucht die Moses-Statue von Michelangelo in der Kirche San Pietro in Vincoli, welche ursprünglich für das Grab des Papstes Julius II. bestimmt gewesen war.

47 Die ›Moses‹-Statue von Michelangelo. Detail des Grabmals für Papst Julius II., 1513–1515, überarbeitet 1542. Höhe: 235 cm. Rom, San Pietro in Vincoli.

Bis 1913 ist er insgesamt sechsmal in Rom. Immer wieder sucht er Michelangelos Moses-Statue auf. 1914 erscheint anonym seine im Herbst 1913 begonnene Arbeit ›Der Moses des Michelangelo‹. Danach fährt Freud erst 1923 wieder nach Rom, ein Jahr später legitimiert er seine ›Moses‹-Arbeit mit seinem (und seines Vaters) Namen.

Freud hat mit seinen Rom-Reisen seiner Eroberer-Laune auch im privaten Bereich Ausdruck verliehen. In der Theorie geht es erst einmal um die Verteidigung und den Ausbau des Erreichten. Mit seiner nächsten großen Veröffentlichung, der ›Psychopathologie des Alltagslebens‹ von 1901, unterstreicht Freud den mit der ›Traumdeutung‹ erhobenen Anspruch der Psychoanalyse, eine *allgemeine* Psychologie zu sein. Das Buch trägt den Untertitel »Über Vergessen, Versprechen, Vergreifen, Aberglaube und Irrtum«, und Freud zeigt darin, daß die »Fehlleistungen« des Bewußtseins nicht zufällige Ereignisse sind, sondern Effekt eines Konflikts zwischen bewußten Absichten und unbewußten, gegenläufigen Tendenzen. Was als nicht weiter aufklärbarer Zufall oder als unbedeutende Unachtsamkeit erscheint, erweist sich in der Analyse als unbewußt wohlmotiviert, und das wiederum bedeutet für Freud: Es herrscht im Psychischen ein strenger Determinismus.

In der ›Psychopathologie des Alltagslebens‹ wird nicht nur die Normalität als alltägliche (und darum nicht weiter beachtete) »Pathologie« entlarvt, Freud scheut nicht einmal davor zurück, auf strukturelle Ähnlichkeiten zwischen seiner neu geschaffenen psychoanalytischen Theorie und offensichtlich pathologischen Einstellungen hinzuweisen: »Es ist ein auffälliger und allgemein bemerkter Zug im Verhalten der Paranoiker, daß sie den kleinen, sonst von uns vernachlässigten Details im Benehmen der anderen die größte Bedeutung beilegen, dieselben ausdeuten und zur Grundlage weitgehender Schlüsse machen.

Wenn ich bei früheren Besuchen in S. Pietro in Vincoli mich vor die Statue hinsetzte, in der Erwartung, ich werde nun sehen, wie sie auf dem aufgestellten Fuß emporschnellen, wie sie die Tafeln zu Boden schleudern und ihren Zorn entladen werde. Nichts davon geschah; anstatt dessen wurde der Stein immer starrer, eine fast erdrückende heilige Stille ging von ihm aus, und ich mußte fühlen, hier sei etwas dargestellt, was unverändert so bleiben könne, dieser Moses werde ewig so dasitzen und so zürnen.

›Der Moses des Michelangelo‹ (X, 183)

... Alles, was er [der Paranoiker] an den anderen bemerkt, ist bedeutungsvoll, alles ist deutbar.« Der Paranoiker projiziere sein Unbewußtes in das Seelenleben der anderen. In dieser »Entstellung« werden in der Paranoia Inhalte bewußt, die im Falle der Neurose oder auch sogenannter Normalität erst durch die Arbeit der Psychoanlyse nachgewiesen werden könnten. »Der Paranoiker ... also ... erkennt etwas, was dem Normalen entgeht, er sieht schärfer als das normale Denkvermögen, aber die Verschiebung des so erkannten Sachverhalts auf andere macht seine Erkenntnis wertlos.« (IV, 284) Man könnte auch sagen: Psychoanalyse ist eine Form der paranoischen Deutung, die *nicht* davor zurückschreckt, das am anderen Erkannte auf sich selbst anzuwenden. Denn was die (klinische) Paranoia pathologisch macht, ist eigentlich nur die Weigerung, eben diesen entscheidenden Schritt zu vollziehen.

Während Freud fast beiläufig Gedanken formuliert, die eine radikale Neukonzeption des traditionellen Vernunftsbegriffs mit sich bringen (Vernunft ist das Vernehmen des Anderen als etwas Eigenes, und umgekehrt) und er dabei ist, nichts Geringeres zu tun, als das neuzeitliche Denken gründlich zu revolutionieren, hat sich sein Privatleben konsolidiert: Er hat eine Frau, sechs Kinder, eine eigene Praxis – und wird schließlich sogar doch noch Professor. »Als ich von Rom zurückkam, war die Lust am Leben und Wirken etwas gesteigert, die am Martyrium etwas verringert bei mir«, berichtet er Fließ (11. März 1902). Und so beschließt Freud, nicht länger passiv auf die Ernennung zum Professor zu warten, sondern die Angelegenheit selbst in die Hand zu nehmen. Er bittet die Professoren Nothnagel und Krafft-Ebing, ihn beim Ministerium erneut vorzuschlagen und läßt seine »alte Freundin und ehemalige Patientin, die Frau des Hofrates Gomperz, zu seinen Gunsten intervenieren. Den Ausschlag gibt schließlich »eine andere Kraft ..., eine meiner Patien-

---

Otto Weininger (1880–1903) schreibt 1903 in seinem Buch ›Geschlecht und Charakter‹ über hysterische Frauen, deren Verlogenheit er als charakteristisch für die Triebhaftigkeit und Unterlegenheit des weiblichen Geschlechts insgesamt erachtet: »Der ›Fremdkörper im Bewußtsein‹, das ›schlimme Ich‹ ist in Wirklichkeit ihre eigenste weibliche Natur, während, was sie für ihr wahres Ich hält, gerade die Person ist, die sie durch das Einströmen alles Fremden wurde. Der ›Fremdkörper‹ ist die Sexualität, die sie nicht anerkennt, deren Zugehörigkeit zu sich sie nicht zugibt; die sie aber doch nicht mehr zu bannen vermag ...«

tinnen, Marie Ferstel, hatte von der Sache gehört und begann auf eigene Faust zu wühlen«. Die Baronin verwendete sich für Freud beim Minister. »Sie kam dann eines Tages strahlend – und einen pneumatischen Brief des Ministers schwingend zur Arbeit. Es war also erreicht.« Seine Verbeugung vor der Autorität ironisierend fügt er hinzu: »Die Teilnahme der Bevölkerung ist sehr groß. Es regnet auch jetzt schon Glückwünsche und Blumenspenden, als sei die Rolle der Sexualität plötzlich von Sr. Majestät amtlich anerkannt, die Bedeutung des Traumes vom Ministerrat bestätigt und die Notwendigkeit einer psychoanalytischen Therapie der Hysterie mit 2/3 Majorität im Parlament durchgedrungen.«

An die Stelle des *einen* Freundes, an den Freud sich mit seinen neuen Ideen wendet, tritt nun eine Gruppe von Anhängern, die über seine Veröffentlichungen und Vorlesungen zu ihm gefunden haben. So gründet Freud auf Vorschlag des Wiener Arztes Wilhelm Stekel im Herbst 1902 die »Mittwochabend-Gesellschaft«, die sich jede Woche in Freuds Wohnung in der Berggasse zum Gedankenaustausch trifft. Die ersten Mitglieder sind neben Stekel und Freud die Ärzte Max Kahane, Rudolf Reitler und Alfred Adler. Die Zahl der Teilnehmer wächst aber schnell weiter, und der zunächst rein private Charakter der Gruppe verändert sich immer mehr in die Richtung eines Vereins. 1906 wird dem dadurch Rechnung getragen, daß man sich fortan »Wiener Psychoanalytische

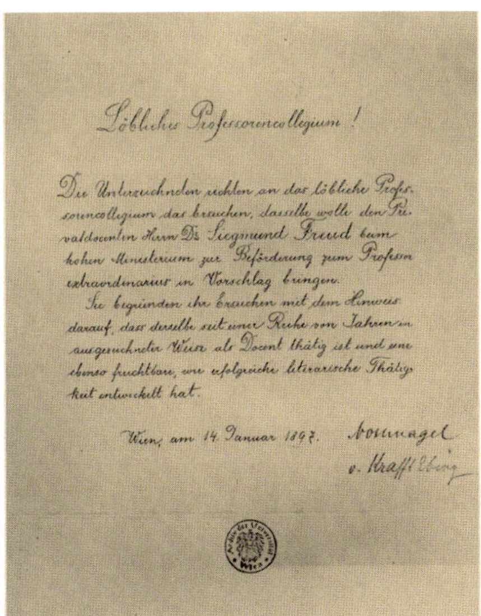

Löbliches Professorencollegium!

Die Unterzeichneten richten an das löbliche Professorencollegium das Ersuchen, dasselbe wolle den Privatdocenten Herrn Dr. Siegmund Freud beim hohen Ministerium zur Beförderung zum Professor extraordinarius in Vorschlag bringen.

Sie begründen ihr Ersuchen mit dem Hinweise darauf, dass derselbe seit einer Reihe von Jahren in ausgezeichneter Weise als Docent thätig ist und eine ebenso fruchtbare, wie erfolgreiche literarische Thätigkeit entwickelt hat.

Wien, am 14. Januar 1897. Nothnagel

v. Krafft Ebing

48 Gesuch der Professoren Nothnagel und Krafft-Ebing zur Professorenernennung Freuds

49 Freud, ca. 1906 (Foto: L. Grillich)

Vereinigung« nennt und die Sitzungen der Gruppe nicht länger in der Wohnung Freuds, sondern in Räumen der Universität abhält.

Breuer und vor allem Fließ hatten Freud dazu gedient, im Rahmen einer intensiven Freundschaft unbekümmert um irgendwelche Konsequenzen (*rücksichtslos* im positiven Sinne des Wortes) Theorien zu ent- und wieder zu verwerfen, zu spekulieren und neue Ideen auszuprobieren. Überspitzt gesagt: Insbesondere die Beziehung zu Fließ erscheint als ein überaus produktives Selbstgespräch. Im Gegensatz dazu ist die »Mittwochabend-Gesellschaft« eine Gruppe von Schülern, die sich um Freud schart. Aus der Psychoanalyse ist damit eine Lehre geworden – mit welchen Folgen, darüber wird später noch zu sprechen sein.

In den vier Jahren nach Erscheinen der ›Psychopathologie des Alltagslebens‹ veröffentlicht Freud nur wenige kleine Arbeiten, zusammengenommen gerade einmal 30 Druckseiten. Der nächste große theoretische Wurf datiert erst wieder aus dem Jahr 1905: die ›Drei Abhandlungen zur Sexualtheorie‹. In dieser Untersu-

Ich habe es sorgfältig vermieden, wissenschaftliche Erwartungen aus der allgemeinen Sexualbiologie ... in das Studium einzutragen, welches uns an der Sexualfunktion des Menschen durch die Technik der Psychoanalyse ermöglicht wird. ... ich durfte auf Anschlüsse und Übereinstimmungen hinweisen, die sich bei dieser Untersuchung ergaben, aber ich brauchte mich nicht beirren zu lassen, wenn die psychoanalytische Methode in manchen wichtigen Punkten zu Ansichten und Ergebnissen führte, die von den bloß biologisch gestützten erheblich abwichen. *›Drei Abhandlungen‹ (V, 30)*

chung beschreibt Freud die Verwandlung der »polymorph perversen« Sexualität des Kindes in die unter dem »Genitalprimat« stehende Sexualität des Erwachsenen. Das berühmt-berüchtigte psychoanalytische Phasenmodell der Sexualentwicklung – von der oralen zur analen zur phallischen Phase und von da, unterbrochen durch den Einschnitt der »Latenzperiode«, zur mit der Pubertät sich ausbildenden Genitalität – wird meist als ein Entwicklungsmodell (miß)verstanden, als psychologische Ergänzung zu einer Theorie der biologischen Reifung.

Man kann Freuds Beschreibung der psychosexuellen Phasen aber auch analog zur Darstellung der Traumarbeit lesen: als Darstellung eines Prozesses der Verschiebungen und Verdichtungen: Dieselben Mechanismen, die den Textkorpus des Traumes herstellen, sind es auch, die den sexuellen Körper erzeugen.

Die kindliche Sexualität nennt Freud (der psychiatrischen Terminologie der Zeit folgend) »pervers«, weil sie unabhängig von der Fortpflanzungsfunktion existiert und funktioniert, und »polymorph«, weil sie auf keine privilegierte erogene Zone festgelegt ist. Es könne, so schreibt Freud, »wahrscheinlich jede Hautstelle und jedes Sinnesorgan« als erogene Zone fungieren. Die besondere Bedeutung des Mundes oder des Anus als besonders bedeutsamer erogener Zone ergibt sich nicht aus diesen selbst, sondern aus ihrer Bedeutung für die Selbsterhaltung und die elterliche Pflege. »In der Körperpflege wird sie [die Mutter, P. S.] zur ersten Verführerin des Kindes.« (XVII, 115) Die kindliche Sexualität entsteht und äußert sich also in der »Anlehnung« an die Funktionen der Selbsterhaltung. Der Begriff der »*Selbst*erhaltung« täuscht freilich. Denn gerade dazu ist das Menschenkind aufgrund seiner Unselbständigkeit nicht in der Lage; es ist vielmehr auf Gedeih und Verderb auf die Hilfe seiner Pflegepersonen angewiesen.

Das erste Organ, das als erogene Zone auftritt und einen libidinösen Anspruch an die Seele stellt, ist von der Geburt an der Mund ... Frühzeitig zeigt sich im hartnäckig festgehaltenen Lutschen des Kindes ein Befriedigungsbedürfnis, das – obwohl von der Nahrungsaufnahme ausgehend und von ihr angeregt – doch unabhängig von Ernährung nach Lustgewinn strebt und darum *sexuell* genannt werden darf und soll.

›Abriß der Psychoanalyse‹ (XVII, 76)

Freud schreibt die an den wechselnden und in ihrer Bedeutung sich überlagernden erogenen Zonen gewonnene Lust dem Effekt eines in verschiedene »Partialtriebe« zerfallenden Sexual*triebes* zu. Mit diesem Begriff wird, was zunächst Effekt einer Beziehung zwischen Kind und Eltern ist, ins Innere des Kindes verlagert, zu einer autonomen Größe umgewandelt und in gewissem Sinne »biologisiert«. Fast beiläufig aber wird Freud später – in ›Triebe und Triebschicksale‹ (1915) – schreiben, daß die Triebe »Niederschläge äußerer Reizwirkungen sind«; allerdings solcher, »welche im Laufe der Phylogenese«, also nicht im Leben des Individuums, sondern im Laufe der Entwicklung der Gattung, »auf die lebende Substanz verändernd einwirkten« (X, 214).

Eine der ersten Patientinnen, die Freud mit der Breuerschen »kathartischen« Methode behandelt, ist Emmy von N. (Fanny Moser, geb. von Sulzer-Wart). Das spektakulärste ihrer Symptome ist eine alle paar Minuten unter Anzeichen von Grausen und Ekel hervorgestoßene Schutzformel: »Seien Sie still! – Reden Sie nichts! – Rühren Sie mich nicht an!«, mit der sie »die Einmengung des Fremden« (I, 100) abwehrt. »In der analytischen Behandlung geht nichts anderes vor als ein Austausch von Worten ...«, schreibt Freud später einmal; aber er dürfte sich dabei an Emmy v. N.s eindrückliche Gleichsetzung der körperlichen Berührung mit der Berührung durch Worte erinnert haben.

Eine der prägnantesten Untersuchungen der performativen Kraft von Worten (also dem, was man mit Worten macht, außer Sachverhalte damit bezeichnen) ist ›Der Witz und seine Beziehung zum Unbewußten‹. Dieses Buch dürfte die am meisten unterschätzte und zugleich eine der wichtigsten Arbeiten Freuds sein: Sie ist das später nie mehr in dieser Ausführlichkeit ausgearbeitete »missing link« zwischen der Sinn- und Wunsch-Theorie

---

Durch Worte kann ein Mensch den anderen selig machen oder zur Verzweiflung treiben, durch Worte überträgt der Lehrer sein Wissen auf die Schüler, durch Worte reißt der Redner die Versammlung der Zuhörer mit sich fort und bestimmt ihre Urteile und Entscheidungen. Worte rufen Affekte hervor und sind das allgemeine Mittel zur Beeinflussung der Menschen untereinander.

›Vorlesungen zur Einführung in die Psychoanalyse‹ (XI, 10)

der ›Traumdeutung‹ und der Trieb-Theorie der ›Drei Abhandlungen zur Sexualtheorie‹. Bezeichnenderweise hat Freud am ›Witz‹ und den ›Drei Abhandlungen‹ an zwei Schreibtischen parallel gearbeitet. Während die ›Drei Abhandlungen‹ den Anschein erwecken können, eine quasi-biologische Entwicklungstheorie der normalen Sexualität bieten zu wollen, nimmt der ›Witz‹ den Aspekt der Verführung wieder auf. Man muß beide Bücher also zusammen lesen, um die auseinanderlaufenden Linien Sexualität und Verführung wieder zusammenzubringen.

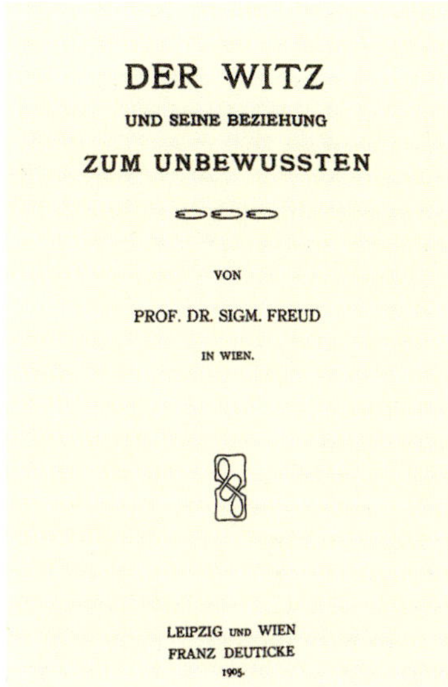
DER WITZ

UND SEINE BEZIEHUNG

ZUM UNBEWUSSTEN

VON

PROF. DR. SIGM. FREUD

IN WIEN.

LEIPZIG UND WIEN

FRANZ DEUTICKE

1905.

50 Titelblatt ›Der Witz und seine Beziehung zum Unbewußten‹ – Leipzig und Wien: Deuticke, 1905

Freud bringt die zahlreichen von ihm untersuchten Witzbeispiele und Witztechniken auf einen einzigen Nenner: Sowohl der »harmlose« Witz (das Spiel mit Sinn und Unsinn) als auch der »tendenziöse« Witz (der verborgene sexuelle oder aggressive Impulse zum Ausdruck bringt) erzielen ihre Wirkung durch die Ersparung von psychischem Aufwand. Beim tendenziösen Witz besteht dieser Aufwand in der Verdrängungsenergie, die sonst gegen die verpönten sexuellen und aggressiven Tendenzen gerichtet ist. Der harmlose Witz erspart uns jenen psychischen Aufwand, der er-

Zwei Juden treffen in der Nähe des Badehauses zusammen. *»Hast du genommen ein Bad?«* fragt der eine. *»Wieso?«* fragt der andere dagegen, *»fehlt eins?«*

Eines von Freuds Witzbeispielen (VI, 50)

forderlich ist, das »wilde«, unbewußte Denken zum bewußten, logischen Denken zu disziplinieren. Freuds Argumentation ist energetisch und ökonomisch: Eine psychische Energie, deren Verwendung sozusagen fest im Seelenhaushalt eingeplant ist, wird durch den Witz für einen kurzen Moment befreit und entlädt sich – im Lachen. Aber: »Über den Witz ..., den ich gemacht habe, kann ich nicht selbst lachen, trotz des unverkennbaren Wohlgefallens, das ich am Witz empfinde.« (VI, 160) Denn in diesem Falle wird, um in Freuds ökonomischem Bild zu bleiben, der ersparte Energieaufwand für die Fabrikation des Witzes wieder verbraucht. Es braucht also mindestens zwei Personen, damit ein Witz funktionieren kann: denjenigen, der den Witz macht und erzählt, und denjenigen, der darüber lacht. Diese Einsicht ist weit weniger banal, als sie zunächst erscheint. Der Lachende hat die Ersparung vom Erzähler gleichsam geschenkt bekommen, stellvertretend für den Erzähler führt der Zuhörer die geschenkte psychische Energie im Lachen ab, welches der Erzähler als willkommene und beabsichtigte Entschädigung für den Aufwand der Herstellung des Witzes kassiert. Es scheint Freud, als existiere ein »Trieb zur Mitteilung des Witzes« (VI, 160).

Freud macht den Witz zum Gegenstand der Psychoanalyse, weil er an »die Tatsache des intimen Zusammenhangs alles seelischen Geschehens« glaubt, »welche einer psychologischen Erkenntnis auch auf einem entlegenen Gebiet einen im vorhinein nicht abschätzbaren Wert für andere Gebiete zusichert« (VI, 13).

Der Witz, so kann man pointiert sagen, betont die Notwendigkeit der »Verführung« (in diesem Fall: der Verführung zum Lachen) für die Ökonomie des psychischen Apparats, der den Umweg über den (lachenden) anderen nicht entbehren kann, wenn er selber Lust aus seiner Tätigkeit ziehen will.

> Das Lachen gehört zu den im hohen Grade ansteckenden Äußerungen psychischer Zustände; wenn ich den anderen durch die Mitteilung meines Witzes zum Lachen bringe, bediene ich mich seiner eigentlich, um mein eigenes Lachen zu erwecken, und man kann wirklich beobachten, daß, wer zuerst mit ernster Miene den Witz erzählt hat, dann in das Gelächter des anderen mit einer gemäßigten Lache einstimmt.
>
> *›Der Witz und seine Beziehung zum Unbewußten‹ (VI, 174)*

Die pychoanalytische Bewegung

Mit der Gründung der »Psychologischen Mittwochabend-Gesellschaft« (kurz nach Freuds Ernennung zum Professor extraordinarius) 1902 und deren späterer Umwandlung (1906) in die »Wiener Psychoanalytische Vereinigung« ändert sich auch der Charakter der Psychoanalyse: Aus dem vormals exzentrischen Denken eines einzelnen wird nun der Mittelpunkt einer wissenschaftlichen Schule. Es beginnt die Erfolgsgeschichte der Psychoanalyse als »Bewegung«, die spätestens mit der Schaffung der »Internationalen Psychoanalytischen Vereinigung« 1910 offiziell bekundet, daß sie mehr ist als eine Wiener Spezialität. Der Anspruch der Psychoanalyse, eine universale Theorie des Psychischen zu sein, findet hierin gewissermaßen ihren politischen Niederschlag.

Zwei der ersten Mitglieder der Mittwochs-Gesellschaft, Max Kahane und Rudolf Reitler, hatten Freuds Vorlesungen über die Psychologie der Neurosen gehört; der dritte Teilnehmer, Wilhelm Stekel, hatte sich (wegen Potenzstörungen) einer Analyse bei Freud unterzogen. Auf eine Anregung Stekels hin lädt Freud diese drei Männer zu sich ein, um im Wartezimmer seiner Praxis regelmäßig über Psychoanalyse zu diskutieren. Fünfter im Bunde wird der Wiener Arzt Alfred Adler, über dessen vormalige Bekanntschaft mit Freud – entgegen Gerüchten, er sei der Hausarzt der Familie gewesen oder habe Freud in einem Leserbrief gegen einen Verriß der ›Traumdeutung‹ in der »Neuen Freien Presse« in Schutz genommen – nichts bekannt ist.

Kahane scheint ein Jugendfreund Freuds gewesen zu sein; als die Freundschaft 1908 aus ungeklärten Gründen zerbricht, er-

---

Die Idee einer psychoanalytischen Internationale schien mir nicht so ungeheuerlich, sie gibt nur wieder, was der Name »Internationale Psychoanalytische Vereinigung« ohnedies besagt. Was wäre sonst sein Inhalt, wenn er nicht andeuten wollte, daß, wo nationale und psychoanalytische Interessen zusammenstossen, die ersteren zurückstehen sollen.

An Paul Federn 21. April 1932 (SFC)

scheint er nicht mehr zu den Sitzungen der Mittwochsgruppe. Anders als Kahane praktiziert Reitler auch selbst die Psychoanalyse. Als er 1917 stirbt, erscheint in der »Internationalen Zeitschrift für Psychoanalyse« ein respektvoller Nachruf. Er ist der einzige der ursprünglichen Gruppe, dessen Verhältnis zu Freud und der Psychoanalyse zeitlebens ungetrübt bleibt. Wilhelm Stekel, ein gelegentlich auch journalistisch arbeitender Arzt und unermüdlicher Propagandist für die Psychoanalyse, zeichnet sich durch ein besonders intuitives Verständnis der Traumsprache aus; er ist es auch, der Freuds Interesse an den Traumsymbolen weckt. Doch gerade diese Art der Begabung im Deuten wird Freud schließlich höchst suspekt, sie erscheint ihm als eine Facette des unseriösen Charakters dieses »unerträglichen Menschen«, wie Freud anläßlich des Ende 1912 erfolgten Bruchs mit Stekel an Karl Abraham schreibt (3. November 1912). Demzufolge war allerdings der »Anlaß der Trennung kein wissenschaftlicher«, sondern »eine Überhebung von seiner Seite gegen ein anderes Vereinsmitglied«, das er von der Mitarbeit am »Zentralblatt für Psychoanalyse«, dessen Mitherausgeber er war, ausschließen wollte – »was ich nicht zulassen konnte«.

Wilhelm Stekels verblüffende Symbolübersetzungen, schreibt Freud in seinem erst 1925 in die ›Traumdeutung‹ eingefügten Kapitel über die »Darstellung durch Symbole«, seien anfangs nicht geglaubt worden, hätten sich im Laufe

51 Wilhelm Stekel (1868–1940)

Von Freuds Abneigung gegen Stekel zeugt ein Brief, den er an 31. Juli 1927 an Fritz Wittels schreibt: »Ich habe in diesen letzten Jahren mehrere Analysen von Fetischismus anstellen können und dabei jedesmal eine überraschend einfache Lösung gefunden. Diese will

der Zeit jedoch zumeist als unabweisbar richtig erwiesen. Doch nun, 13 Jahre nach dem Zerwürfnis, folgt eine Abrechnung mit Stekel, der der Psychoanalyse soviel geschadet wie genutzt habe. Was Freud ihm vor allem vorwirft, ist, daß er »sich einer Methode bedient [hatte], die als wissenschaftlich unzuverlässig zu verwerfen ist. *Stekel* fand seine Symboldeutungen auf dem Wege der Intuition, kraft eines ihm eigenen Vermögens, die Symbole unmittelbar zu verstehen. Eine solche Kunst ist aber nicht allgemein vorauszusetzen, ihre Leistungsfähigkeit ist jeder Kritik entzogen und ihre Ergebnisse haben daher auf Glaubwürdigkeit keinen Anspruch.« (II/III, 355) Stekel hat mehr erkennen wollen (und können), als die wissenschaftliche Beobachtung, wenn sie noch wissenschaftlich heißen soll, erlaubt. Seine Ergebnisse heiligen das Mittel nicht: Die Intuition mag sich als haltbar erwiesen haben, aber Freud gefällt die Methode nicht. Er unterstellt dem intuitiven Erfassen der Traumsymbolik, im Grunde eine Ausdrucksform psychotischen Denkens zu sein – wenngleich er diesen Verdacht in dem Moment, wo er ihn ausspricht, schon wieder zurückzieht: »Die fortschreitende Erfahrung der Psychoanalyse hat uns Patienten auffinden lassen, die ein solches unmittelbares Verständnis der Traumsymbolik in überraschender Weise an den Tag legten. Häufig waren es an Dementia praecox Leidende, so daß eine Zeitlang die Neigung bestand, alle Träumer mit solchem Symbolverständnis dieser Affektion zu verdächtigen. Allein das trifft nicht zu, es handelt sich um eine persönliche Begabung oder Eigentümlichkeit ohne ersichtliche pathologische Bedeutung.« (II/III, 355f.) Ganz offensichtlich aber berührt Stekel mit seinem Symbolverständnis einen wunden Punkt der Freudschen Theorie. Schließlich hatte Freud in der ›Traumdeutung‹ die Übersetzbarkeit des Traumes nach der »Chiffriermethode«, in der wie beim Nachschlagen in einem Wörterbuch ein Traumele-

ich nun zum Gegenstand einer kleinen Mitteilung machen. Es gibt aber jemand, der ein dickes Buch über den Gegenstand geschrieben hat. Nach allen Regeln des wissenschaftlichen Betriebs sollte ich das Buch lesen u mir wenigstens die Sicherheit holen, daß der findige Jemand nicht schon meine Lösung gefunden hat. Allein – ich bringe mich nicht dazu, kann einen inneren Widerstand von der Art eines Reinlichkeitsinstinktes nicht überwinden. ... Sie kennen gewiss das Buch von Stekel über den Fetischismus. Läßt es sich machen, daß Sie mir ... angeben, zu welchem Ergebnis dieser Autor ... kommt?« *(SFC)*

ment durch einen Ausdruck der Umgangssprache nach einem fixen Schlüssel ersetzt wird, als unbrauchbar zurückgewiesen. Statt dessen sollen die Einfälle des Träumers zu den einzelnen Bestandteilen und Details des Traumes die Hinweise auf dessen verborgenen Gehalt liefern. Die Theorie der Symbole – wie übrigens auch die der sogenannten »typischen Träume« – ist jedoch unbestreitbar eine Anleihe bei der vorwissenschaftlichen Traumdeuterei, von der Freud sich distanziert. Freuds Bedenken gegen Stekel dürften darum ein gutes Teil verschobener Selbstkritik enthalten.

Doch wieder zurück zu den Anfängen der Bewegung: Mit der Zeit erweitert sich der Kreis der Teilnehmer an den mittwochabendlichen Sitzungen; schon bald stoßen der Musikwissenschaftler Max Graf, der Verleger Hugo Heller sowie die Ärzte Paul Federn und Alfred Meisl sowie später Eduard Hitschmann und Adolf Deutsch dazu. Die schillerndste und vielversprechendste Neuerwerbung der Gruppe um Freud ist Otto Rank, der 1905 als Einundzwanzigjähriger der Mittwochs-Gesellschaft beitritt: »Eines Tages führte sich ein absolvierter Gewerbeschüler durch ein Manuskript bei uns ein, welches außerordentliches Verständnis verriet. Wir bewogen ihn, die Gymnasialstudien nachzuholen, die Universität zu besuchen und sich den nichtärztlichen Anwendungen der Psychoanalyse zu widmen. Der kleine Verein erwarb so einen eifrigen und verläßlichen Se-

52 Max Graf. Seine Frau Olga war Analysandin Freuds. Ihr Sohn Herbert ist der »kleine Hans«, über den Freud 1909 die Fallgeschichte der ›Analyse eines fünfjährigen Knaben‹ veröffentlicht.

kretär, ich gewann an *Otto Rank* den treuesten Helfer und Mitarbeiter.« (X, 63) Mit 17 Jahren hatte der geborene Rosenberg seinen Namen zu Rank geändert, um sich von seiner verwahrlosten Familie zu distanzieren. Vor seiner akademischen Ausbildung, zu der Freud ihn ermutigt, arbeitete er in einer Mechanikerwerkstatt. 1912 promoviert ihn die philosophische Fakultät der Universität Wien aufgrund einer psychoanalytischen Dissertation über ›Das Inzestmotiv in Dichtung und Sage. Grundzüge einer Psychologie des dichterischen Schaffens‹ zum Doktor der Philosophie. Rank wird nicht nur der Protokollführer der »Wiener Psychoanalytischen Vereinigung«, sondern tritt schon bald nach seiner Teilnahme an der Mittwochsgruppe als psychoanalytischer Autor hervor, der die Ambitionen der Psychoanalyse weit über das ärztliche Interesse hinaus dokumentiert. 1906 veröffentlicht er ›Der Künstler‹, 1909 eine Studie über den ›Mythus von der Geburt des Helden‹ und 1913, zusammen mit Hanns Sachs, ein Werk über ›Die Bedeutung der Psychoanalyse für die Geisteswissenschaften‹. Fast 20 Jahre lang währt die innige Beziehung zwischen Freud und seinem Beinahe-Adoptivsohn Rank. Zum Auslöser einer sich über zwei Jahre hinziehenden, für Freud überaus schmerzhaften Trennung wird Ranks Buch über ›Das Trauma der Geburt und seine Bedeutung für die Psychoanalyse« von 1924. Nach Ranks Auffassung ist es, pointiert ausgedrückt, das Geburtstrauma und nicht mehr der Ödipuskomplex, der das psychische Leben entscheidend strukturiert. An die Stelle des Konflikts tritt ein traumatisierendes Ur-Ereignis; der Mensch wird getrieben von der Sehnsucht, hinter dieses zurückzugehen: zurück in die Mutter. Nicht, daß Freud diesem Denkweg zum immer Früheren grundsätzlich abhold gewesen wäre. Aber die theoretische Aufgabe des Prinzips, daß der Neurotiker (wie der Mensch überhaupt) nicht an einer wann immer zu datierenden (Ur-)Verlet-

53 Otto Rank
(1884–1939)

zung leidet, sondern an miteinander nicht zu vereinbarenden inneren und äußeren Ansprüchen, muß ihm als Verrat an der Psychoanalyse erscheinen.

Ebenfalls eine Verratsgeschichte mit beträchtlicher Inkubationszeit stellt das Verhältnis von Freud und Alfred Adler dar. Die Beziehung zwischen Adler und Freud ist sicherlich von weit geringerer Intimität als die zwischen Freud und Rank. Freud scheint Adler zunächst als einen originellen Denker geschätzt zu haben. Erstaunlich ist, daß jener Vortrag vor der »Wiener Psychoanalytischen Vereinigung«, der schon all das enthält, was später den Bruch zwischen Freud und Adler bewirken wird, von Freud zunächst recht positiv aufgenommen wird. Am 7. November 1906 spricht Adler über ›Die organischen Grundlagen der Neurosen‹; der Vortrag liefert die Zusammenfassung seiner ›Studien über die Minderwertigkeit von Organen‹, die Anfang 1907 erscheinen. Das Protokoll der Sitzung referiert Adlers Vortrag folgendermaßen: »Bei den Neurotikern könne man in der Regel Kinderfehler nachweisen« wie z. B. Sprachfehler oder körperliche Behinderungen: »Die Überwindung dieser Kinderfehler sei für das ganze Leben des betreffenden Individuums markierend. ... Schließlich führt Adler noch einige Beispiele für überwertige Leistungen minderwertiger Organe bei allgemein bekannten Personen an: den Fall Beethoven; Mozart habe verbildete Ohren gehabt; Schumann habe an einer Psychose gelitten, die ihren Anfang mit Gehörhalluzinationen nahm.« Auf jenen Begriff gebracht, der Adler berühmt machte: Die Neurose wie das Genie sind der miß- oder gelungene Effekt eines (organischen) *Minderwertigkeitskomplexes*. Das Protokoll vermerkt eine Zwischenbemerkung Freuds – keinen Einwand, sondern eine Bestätigung der Adlerschen Theorie: Freud weist darauf hin, daß der seinerzeit bekannte Maler Franz von Lenbach »auf einem Auge blind war«. Gleiches scheint auch für Freud und die um ihn versam-

Freud über Adlers Arbeit: Nach dem unmittelbaren Eindruck zu schließen, dürfte vieles daran richtig sein. ... Er könne anführen, daß bei Personen, die durch Ichsucht, besonderen Ehrgeiz etc. auffallen, die Analyse als letzten Grund schwere organische Defekte aufdecke ... Er möchte Adler eine Formel zur Verfügung stellen...: die Neurose ist zurückzuführen auf das Mißverhältnis zwischen konstitutioneller Anlage und den kulturellen Anforderungen, die an das Individuum gestellt werden. *Protokolle, 7. November 1906*

melten Freudianer zu gelten, wie die Diskussion zeigt: »*Hitschmann* bemerkt, er sei persönlich immer dafür eingetreten, hinter den Neurosen ›Organisches‹ zu suchen. Man gebe der Psyche, was der Psyche, und dem Körper, was dem Körper ist.« Eben dieser Maxime scheint Freud zu folgen, wenn er erklärt, daß er der »Arbeit Adlers ... große Bedeutung« beimesse; sie habe »seine eigenen Arbeiten um ein Stück weitergeführt«.

Kurz vor dem Internationalen Psychoanalytischen Kongreß 1911 in Weimar tritt Adler, der immerhin Präsident der Wiener Gruppe ist, zurück und verläßt kurze Zeit später mit einigen Getreuen den Verein, dem er neun Jahre lang angehört hatte, und gründet eine eigene Vereinigung für »freie Psychoanalyse«. Was ist in den vier Jahren zuvor geschehen? Im März 1907 stellt Adler in der Vereinigung einen von ihm psychoanalytisch behandelten Fall vor. Freud stimmt der Darstellung wiederum zu, weist allerdings auf eine klinisch zu beobachtende Abweichung von Adlers Grundannahme der Organminderwertigkeit als Neurosenursa-

54 Der Psychiater **Alfred Adler** wurde am 7. Februar 1870 in Wien geboren und begründete nach seiner Trennung von Sigmund Freud die Schule der Individualpsychologie, in deren Mittelpunkt der Begriff des Minderwertigkeitskomplexes steht. Dieser Komplex speist sich aus der Erfahrung kindlicher Hilflosigkeit, körperlicher Mängel und sozialer Ablehnung. Der Mensch strebt danach, diese Mängel auszugleichen oder gar überzukompensieren. Alfred Adler starb am 28. Mai 1937, während einer Vortragsreise im schottischen Aberdeen. Sein Hauptwerk ist ›Praxis und Theorie der Individualpsychologie‹ (1918).

che hin. Die nächsten beiden Vorträge Adlers behandeln die ›Paranoiafrage‹ (29. Januar 1908) und den ›Sadismus in Leben und Neurose‹ (3. Juni 1908). Wieder äußert sich Freud positiv zu den Ausführungen; anläßlich des zweiten Vortrags betont er noch einmal, »daß er der Studie über die Minderwertigkeit der Organe voll zustimme«, allerdings in einer ausgesprochen merkwürdig Formulierung: Er sei in den »meisten Punkten ... mit Adler einverstanden; aus einem ganz bestimmten Grunde: was Adler den Aggressionstrieb heiße, das sei unsere Libido.« Während weitere Vorträge Adlers über einen ›Fall von Zwangserröten‹ (3. Februar 1909) und ›Zur Psychologie des Marxismus‹ (10. März 1909) nichts von dem bevorstehenden Bruch verraten, kündet sich die Entzweiung mit den nächsten Vorträgen Adlers nicht nur an, sondern wird bereits vollzogen. Als Adler am 2. Juni 1909 ›Über die Einheit der Neurosen‹ spricht und die Organminderweritigkeit und den »Aggressionstrieb« in den Mittelpunkt seines Neurosenverständnisses rückt, erhebt Freud jenen Einwand, an dem er in allen späteren Darstellungen seiner Differenz mit Adler festhalten wird: »Daß Adler, fast wie absichtlich, das Sexuelle eliminiert habe, das man in einer Betrachtung der Neuroseneinheit nicht missen könne. Adler beschäftigt sich wesentlich mit der Bewußtseinspsychologie«. Gewissermaßen seine Abschiedsvorstellung als Präsident der Wiener Psychoanalytischen Vereinigung gibt Adler mit seinen Ausführungen über ›Psychischen Hermaphrodismus‹, die Freud unangenehm an Fließ und seinen Versuch, die Verdrängungs-

lehre mit Hilfe der Annahme der grundsätzlichen psychischen Bisexualität zu biologisieren. In diesem Vortrag rückt Adler selbst von der rein biologischen Auffassung eines Aggressionstriebes ab und betont statt dessen das individuelle Erleben des Neurotikers. Das neue Schlüsselwort, das dem von der Organminderwertigkeit an die Seite gestellt wird, lautet »männlicher Protest«. »Die infantile Auffassung«, so Adler, »drängt das Kind, alles Minderwertige als unmännlich anzusehen und als weiblich aufzufassen.« Freud widerspricht nicht grundsätzlich, bemängelt aber die Unklarheit und Unbrauchbarkeit der Terminologie.

Wie schon im Fall Stekel kann man sagen, daß Freud an Adler (zu Recht) Tendenzen verwirft, die auch sein eigenes Werk zu kontaminieren drohen: ein naiver Biologismus, ein Hang zur Synthese und Systematik. Adler hat ihm gleichsam jene Gefahren und Versuchungen vor Augen geführt, denen auch er hätte erliegen können.

Noch vor dem Nürnberger Kongreß, auf dem er eigentlich seine Hermaphrodismus-Theorie ausführlich darstellen wollte, demissioniert Adler. Freuds Bedauern über den Verlust hält sich in Grenzen; denn er hat inzwischen eine wichtigere Sorge: seine Nachfolge zu regeln. Den dafür in Frage kommenden Mann hat er bereits gefunden – den Schweizer Psychiater Carl Gustav Jung. Am 14. März 1911 schreibt er an Binswanger: »Wenn das von mir gegründete Reich verwaist, soll kein anderer als Jung das Ganze erben. Sie sehen, meine Politik verfolgt dieses Ziel unausgesetzt, und mein Verhalten gegen Stekel und Adler fügt sich in dasselbe System ein.« Ironischerweise beginnt dieser Brief mit dem auf einen ganz anderen Sachverhalt gemünzten Satz: »Es ist also wahr, daß die Politik nicht nur den Charakter, sondern auch den Geschmack verdirbt.«

55 Kongreß in Weimar 1911: 1. Reihe v.l: Paul Bjerre, Eugen Bleuler, Schwester Moltzer, Mira Gineburg, Lou Andreas-Salomé, NN, Emma Jung, von Starck, Antonia Wolff, Martha Böddinghaus, Franz Riklin; 2. Reihe.: Otto Rank, Ludwig Binswanger, O. Rothenhäusler, J. Sadger, Oskar Pfister, Sandor Ferenczi, Sigmund Freud, Carl Gustav Jung, E. Oberholzer, W. Wittenberg, James Putnam, Ernest Jones, Wilhelm Stekel; 3. Reihe: J. Nelken, Ludwig Jekels, Max Eitingon, L. Seif, K. Landauer, A. Stegmann, Karl Abraham, NN, NN, G. Brecher, J. Marcinowski; 4. Reihe: R. Förster, NN, A.A. Brill, Alphonse Maeder, J.E.G. van Emden, Paul Federn, J. Honegger, Adolf Keller, Freiherr von Winterstein.

Jungs erste »Bekanntschaft« mit Freud geht auf ein Referat der ›Traumdeutung‹ zurück, um das er von seinem Chef an der Züricher Psychiatrischen Universitätsklinik Burghölzli, Professor Eugen Bleuler, bereits kurz nach dem Erscheinen des Buches für einen Diskussionsabend der Ärzte gebeten worden war. Der erste persönliche Kontakt mit Freud dürfte anläßlich einer Sitzung der »Wiener Psychoanalytischen Vereinigung« vom 6. März 1907 stattgefunden haben, an der Jung zusammen mit dem Schweizer Psychiater Ludwig Binswanger als Gast teilnahm. Kurze Zeit später beginnt die Korrespondenz zwischen Freud und Jung, die an Umfang der mit Fließ gleicht, niemals jedoch auch nur annähernd deren Intimität erreicht. Von Anfang an scheint sie von beiden Seiten unter einem »politischen« Stern zu stehen: »Ihre letzte Arbeit, ›Psychoanalyse und Assoziationsexperiment‹, hat mich natürlich am meisten erfreut, da Sie, auf Erfahrung sich stützend, dafür eingetreten sind, daß ich nichts anderes als Wahres aus den bisher nicht betretenen Gebieten unserer Disziplin berichtet habe. Ich rechne mit Zuversicht darauf, daß Sie noch oftmals in die Lage kommen werden, mich zu bestätigen, und werde mich auch gerne korrigiert finden. Ihr kollegial ergebener Dr. Freud« (11. April 1906). Jung antwortet im selben Tenor: »Hoffentlich wird in Zukunft sich Ihre wissenschaftliche Gemeinde immerfort mehren ...« (5. Oktober 1906) Der pastorale Tonfall

56 **Carl Gustav Jung** wurde am 26. Juli 1875 in Kesswil (Schweiz) geboren. Er arbeitete als Psychiater an der Psychiatrischen Universitätsklinik Zürich, Burghölzli. Nach der Entzweiung mit Freud entwickelte er unter dem Titel einer »Analytischen Pychologie« eine eigene tiefenpsychologische Richtung. Wichtig für Jung ist die Vorstellung eines kollektiven Unbewußten mit allen Menschen gemeinsamen Inhalten, den sogenannten Archetypen. Jung starb am 6. Juni 1961 in Küsnacht bei Zürich. Werke: ›Die Beziehung zwischen dem Ich und dem Unbewußten‹ (1928) und ›Gestaltungen des Unbewußten‹ (1950).

57 Karl Abraham (1877–1925)

58 Sándor Ferenczi (1873–1933)

wird in Freuds Antwortbrief ohne jede Ironie aufgenommen: »Die Mitteilung, daß Sie Bleuler bekehrt haben, läßt mich Ihnen besonderen Dank sagen.« (7. Oktober 1906) Eigentlich von Anfang an ist Jung keineswegs von der Bedeutung der Sexualität für die psychischen Konflikte überzeugt, aber Freud behandelt Jungs Zweifel mit geduldiger Zuvorkommenheit.

Etwas später als Freuds Kontakte mit Jung beginnen die mit dem ungarischen Arzt Sándor Ferenczi und dem Berliner Arzt Karl Abraham. Beide wenden sich als künftige Schüler an Freud, doch von Anfang an schwingt auf beiden Seiten eine subtile persönliche Verbundenheit gepaart mit großem theoretischem Interesse und Verständnis mit, während die Briefe von Freud an Jung eher ein taktisches, aber darum nicht minder leidenschaftliches Werben um einen eher kühl abwartenden Jung verraten. Freud ist wild (und blind) entschlossen, einen Nachfolger zu finden, der die internationale Anerkennung der Psy-

Von den beiden hier behandelten Bewegungen ist die *Adler*sche unzweifelhaft die bedeutsamere; radikal falsch, ist sie doch durch Konsequenz und Kohärenz ausgezeichnet. Sie ist auch noch immer auf eine Trieblehre gegründet. Die *Jung*sche Modifikation dagegen hat den Zusammenhang der Phänomene mit dem Triebleben gelockert; sie ist ... so ... undurchsichtig und verworren, daß es nicht leicht ist, Stellung zu ihr zu nehmen. Wo man sie antastet, muß man darauf vorbereitet sein, zu hören, daß man sie mißverstanden hat, und man weiß nicht, wie man zu ihrem richtigen Verständnis kommen soll. *(X, 105)*

59 Das »Geheime Komitee«, 1922. V.l.n.r.: Rank, Freud, Abraham, Eitingon, Ferenczi, Jones, Sachs. Gegründet wurde es 1912 auf Anregung von Ernest Jones.

choanalyse vorantreiben kann. So möchte er ihn auf dem Weimarer Kongreß, unmittelbar nach der Trennung von Adler, auf lebenslängliche Zeit zum Präsidenten der Internationalen Psychoanalytischen Vereinigung küren lassen. Schließlich setzen sich jedoch die Gegner einer solchen Lösung durch, und Jung wird lediglich für zwei Jahre gewählt. Noch vor Ablauf seiner Amtsdauer tritt er zurück, weil die Differenzen mit Freud – vor allem in der Frage der Bedeutung der Sexualität – unüberwindbar geworden sind. Diese Differenzen tauchen keineswegs plötzlich auf, und schon früh verdächtigt Karl Abraham den Kollegen Jung des theoretischen Schismas. Auf einen solchen

Freud über das »Geheime Komitee«: Was meine Phantasie sofort in Beschlag nahm, war die Idee eines geheimen Konzils, das sich aus den besten und zuverlässigsten unserer Leute zusammensetzen solle, deren Aufgabe es sei, für die Weiterentwicklung der Psychoanalyse zu sorgen und die Sache gegen Persönlichkeiten und Zwischenfälle zu verteidigen, wenn ich nicht mehr da bin. Sie sagen, daß es Ferenczi war, der diese Idee äußerte, aber es hätte meine eigene sein können, entstanden in besseren Zeiten, als ich hoffte, daß Jung einen solchen Kreis, zusammengesetzt aus den offiziel-

Einwand antwortet Freud (3. Mai 1908) mit einigen Sätzen, die das Motiv seiner Bemühungen um Jung auf krasse Art deutlich werden lassen: »Seien Sie tolerant und vergessen Sie nicht, daß Sie es eigentlich leichter als Jung haben, meinen Gedanken zu folgen, denn erstens sind Sie völlig unabhängig, und dann stehen Sie meiner intellektuellen Konstitution durch Rassenverwandtschaft näher, während er als Christ und Pastorssohn nur gegen große innere Widerstände den Weg zu mir findet. Um so wertvoller ist dann sein Anschluß. Ich hätte beinahe gesagt, daß erst sein Auftreten die Psychoanalyse der Gefahr entzogen hat, eine jüdisch nationale Angelegenheit zu werden.«

Die bewußte Absicht, in Jung einen opportunen Anführer der künftigen psychoanalytischen Bewegung gefunden zu haben, macht ihn völlig taub gegenüber Zweifeln, wie sie nicht nur Abraham formuliert. Merkwürdig genug, daß Freud sich nicht scheut, Abrahams Einwände durch den Verweis auf die gemeinsame jüdische »Rassenzugehörigkeit« zu zerstreuen, um an Jung als Garanten einer a-jüdischen Psychoanalyse festzuhalten.

Wenn im Vorhergehenden in erster Linie über die Streitigkeiten in und die Abspaltungen von der psychoanalytischen Bewegung gesprochen worden ist, so deshalb, weil diese in vielerlei Hinsicht lehrreicher für das Verständnis der Psychoanalyse sind als die Zustimmung, die sie gefunden hat: Was in Freuds Denken lediglich irritierender Fremdkörper oder Widerspruch geblieben wäre, gerinnt bei den abtrünnigen oder verstoßenen Schülern zum System. Innere Gegensätze, die das Theoretisieren Freuds lebendig halten und antreiben, verfestigen sich im psychoanalytischen Vereinsleben zu Familienkrach und Erbstreit, in denen Ressentiment und sachliche Differenz nicht mehr zu unterscheiden sind. In den Abspaltungen und Streitereien zeigt sich zudem der Widerspruch zwischen dem Charak-

len Obmännern der lokalen Vereinigungen, um sich versammeln würde. Nun tut es mir leid zu sagen, daß eine solche Vereinigung unabhängig von Jung und den gewählten Präsidenten gebildet werden mußte. Ich wage zu behaupten, daß es Leben und Sterben für mich einfacher machen würde, wenn ich von einer solchen Gemeinschaft wüßte, die besteht, um über meine Schöpfung zu wachen. *An Ernest Jones, 1. August 1912*

ter der Psychoanalyse als eines Werks der notwendigen ständigen Umformulierungen und dem Versuch, einen Wissenskorpus zu kanonisieren und in institutionalisierter Form zu überliefern und zu verbreiten.

In einer kleinen Arbeit von 1916 mit dem Titel ›Die am Erfolge scheitern‹ beschreibt Freud vor allem am Beispiel literarischer Figuren Shakespeares (Lady Macbeth) und Ibsens (Rebekka West) eine Dynamik, die man auch in der Geschichte der psychoanalytischen Bewegung beobachten kann: »Die psychoanalytische Arbeit lehrt, daß die Gewissenskräfte, welche am Erfolg erkranken lassen anstatt wie sonst an der Versagung, in intimer Weise mit dem Ödipus-Komplex zusammenhängen ... wie vielleicht unser Schuldbewußtsein überhaupt.« (X, 389) Es ist der im Erfolg begründete ödipale Triumph, der, anstatt glücklich zu machen, ein Schuldgefühl erzeugt, das letztlich dazu führt, daß der bereits erreichte Erfolg wieder zunichte gemacht wird.

Wenn man die Theorie des Ödipuskomplexes auf die Psychoanalyse anwendet, so kann man sagen, daß Freuds Theorie selbst so etwas wie einen Vatermord darstellt. Das heißt, einerseits ist die Formulierung der Psychoanalyse durch Freud eine Überwindung des naiven jüdischen Glaubens des Vaters, andererseits wird Freud darin selbst zum Vater der Psychoanalyse. So sehr der symbolische Aspekt des Vatermordes durch die und in der Psychoanalyse einen wesentlichen Motor des Freudschen Theoretisierens darstellt, so sehr verwandelt sich in dessen institutionalisierter Gestalt diese Antriebsfeder in eine selbstzerstörerische Kraft: Der großartiges Mythos »Ödipus« gerät zum Familiendrama, zum hysterischen Theater mit karikaturistischen Zügen. Was als »Bewegung« gedacht war, wird zur klappernden Maschinerie von Vorwürfen und Verdächtigungen.

Bereits im ersten Brief an den von ihm geschätzten Groddeck spricht Freud die Gefahr einer Entzweiung an: »Möchte ich also beide Hände nach Ihrer Mitarbeiterschaft ausstrecken, so stört mich der eine Umstand, daß Sie den banalen Ehrgeiz, der originell sein will und nach Priorität strebt, wie es scheint, so wenig überwunden haben. Wenn Sie der Selbständigkeit Ihrer Erwerbungen sicher sind, wozu soll Ihnen dann noch die Originalität dienen?

An Georg Groddeck, 5. Juni 1917

Leidenschaften und Triebe

Freud hat drei Leidenschaften: das Rauchen, das Sammeln von Antiquitäten und das Reisen. Mit 24 hatte er zu rauchen begonnen, zunächst Zigaretten, aber bald schon Zigarren. Bereits Fließ hatte ihm wegen Herzbeschwerden mehrfach Perioden der Abstinenz verordnet, die Freud jeweils außergewöhnlich schlecht vertrug. 1930, als er wiederum wegen einer Herzattacke für mehrere Monate auf seine Zigarren verzichtet, registriert er zwar eine erhebliche Verbesserung seines Gesundheitszustandes, vergleicht aber in einem Brief an Ferenczi (7. Mai 1930) den Verzicht mit einem Akt der Selbstverstümmelung, »ein Stück Autotomie, wie es der Fuchs vollbringt, wenn er sich in der Falle ein Bein abbeißt«.

60 Sigmund Freud mit Zigarre, um 1909

Freud reist viel und ausgiebig; auf lange Sommerferien zusammen mit der Familie – z. B. in Berchtesgaden und Semmering – folgen oft Reisen allein mit seinem Bruder Alexander, mit

Vom Frühstück, bis er zu Bett ging, rauchte Freud so gut wie ununterbrochen. Er war ein Kettenraucher im wahrsten Sinn des Wortes. Sein gewöhnliches Quantum waren zwanzig Zigarren im Tag ... Er rauchte so gerne, daß er leicht irritiert war, wenn die Leute in seiner Umgebung nicht rauchten. Daher wurden fast alle Mitglieder des inneren Kreises mehr oder weniger leidenschaftliche Zigarrenraucher. Nach seiner Krankheit und den vielfachen Operationen ... mußte er das Rauchen wesentlich einschränken, aber selbst in den Wochen unmittelbar vor seinem Tod gab er es nicht ganz auf. *Hanns Sachs*

61 Blick vom Gelände der Agora auf die Akropolis mit Partheon, Propyläen und Areopag

seiner Schwägerin Minna oder Sándor Ferenczi, dem Budapester Psychoanalytiker. Freuds bevorzugte Reiseziele sind die Mittelmeerländer, insbesondere Italien.

Im Jahre 1904 führt ihn eine einwöchige Reise zusammen mit seinem zehn Jahre jüngeren Bruder Alexander nach Athen. Mehr als 30 Jahre später wird ein Erlebnis auf dieser Reise, das Freud als »Erinnerungsstörung auf der Akropolis« beschreibt, zum Anlaß einer psychoanalytischen Untersuchung. Ausnahmsweise haben die beiden wegen der beruflichen Beanspruchung Alexanders nur eine Woche Zeit für die gemeinsamen Ferien, und so beschließen sie, von Triest aus für einige Tage auf die Insel Korfu zu fahren. Ein Triester Geschäftsfreund Alexanders rät den beiden jedoch von dieser Unternehmung ab und empfiehlt ihnen, statt dessen doch lieber mit dem noch am selben Tag auslaufenden Lloyddampfer nach Athen zu fahren.

Obwohl es eine Vortragsreise nach Amerika ist, die Freuds Ruhm auch international festigt, ist seine Einstellung zeitlebens strikt antiamerikanisch, wie zwei Briefstellen an Fritz Wittels vom 11. Juli und 7. August 1928 deutlich machen:
Lieber Herr Doktor!
... Gewiß, der Amerikaner und die Psychoanalyse, das paßt oft so wenig zusammen, daß man an Grabbe's Vergleich erinnert wird, wie wenn ein Rabe ein »weißes Hemd anzieht«. *(SFC)*

»Wir diskutierten den uns vorgeschlagenen Plan, fanden ihn durchaus unzweckmäßig und sahen nur Hindernisse gegen seine Ausführung ... Die Stunden bis zur Eröffnung des Lloydbureaus wanderten wir mißvergnügt und unentschlossen in der Stadt herum. Aber als die Zeit gekommen war, gingen wir an den Schalter und lösten Schiffskarten nach Athen, wie selbstverständlich, ohne uns um die vorgeblichen Schwierigkeiten zu kümmern ... Dies Benehmen war doch sehr sonderbar ... Warum hatten wir uns also die Zwischenzeit bis zur Öffnung der Schalter durch üble Laune verstört und uns nur Abhaltungen und Schwierigkeiten vorgespiegelt?« (XVI, 251) Freud erklärt die in schlechter Laune sich niederschlagende Hemmung, Athen zu sehen, mit einer Regung der Pietät gegenüber dem Vater. »Unser Vater war Kaufmann gewesen, er besaß keine Gymnasialbildung, Athen konnte ihm nicht viel bedeuten.« (XVI, 257) Die Störung des Reisevergnügens liegt also in der offensichtlichen Erfüllung des zwiespältigen Wunsches, es weiter gebracht zu haben als der Vater, die zugleich in schmerzlicher Weise die »Enge und Armseligkeit unserer Lebensverhältnisse« (XVI, 256) in Freuds Jugend offenbart: »Die Sehnsucht zu reisen war gewiß auch ein Ausdruck des Wunsches, jenem Druck zu entkommen, verwandt dem Drang, der so viel halbwüchsige Kinder dazu antreibt, vom Hause durchzugehen. Es war mir längst klar geworden, daß ein großes Stück der Lust am Reisen in der Erfüllung dieser frühen Wünsche besteht, also in der Unzufriedenheit mit Haus und Familie wurzelt.« In seinem »Entfremdungsgefühl«, das ihn auf der Akropolis ergreift, in dem Staunen also, daß es die Akropolis also tatsächlich gibt, erkennt Freud eine Verschiebung: Der jugendliche Zweifel, daß man die Akropolis jemals sehen werde, verwandelt sich angesichts des realen Ortes in die Erinnerung, man habe seinerzeit nicht wirklich an die Existenz der Akropolis geglaubt.

Diese Wilden haben für Wissenschaft, die sich nicht unmittelbar in Praxis umsetzt, wenig übrig. Das Ärgste am amerikanischen Betrieb ist ihre sog. Broadmindedness, bei der sie sich noch großherzig und uns engherzigen Europäern überlegen vorkommen, in Wirklichkeit nur eine bequeme Verschleierung ihrer vollkommenen Urteilslosigkeit. So machen sie fast nach Art unbewusster Geistestätigkeit ein Kompromiß oder ein Gemisch von Analyse, Jungscher Mystik und Adlerei zurecht, das natürlich ein schandbarer Unsinn ist, und wol verdient, daß Sie Ihren Spott daran üben. *(SFC)*

62 Sigmund Freuds Antiqitätensammlung, London, 1982

Freud erlebt hier am eigenen Leibe eine der wesentlichen Erkenntnisse der Psychoanalyse nach: Die Evidenz, die aus der eigenen Wahrnehmung entsteht, kann durchaus mit einem Unglauben an das Gesehene einhergehen; und das Fürwahrhalten einer Tatsache ist umgekehrt keineswegs davon abhängig, etwas mit eigenen Augen gesehen zu haben.

Eng verbunden mit der Reiseleidenschaft Freuds ist seine Sammelleidenschaft. Er beginnt mit dem Sammeln römischer, griechischer und ägyptischer Ausgrabungsstücke etwa zur selben Zeit, als er an der ›Traumdeutung‹ schreibt. Viele Stücke erwirbt er auf Reisen; sie dienen ihm als Souvenirs, geben ihm »Stimmung und sprechen von fernen Zeiten und Ländern«. In der ›Psychopathologie des Alltagslebens‹ berichtet er: »Ärgerlich und lächerlich ist

... die Zigarre fehlt, was man dagegen versucht, Weintrinken, Briefschreiben, Dattelbeißen, ist kein Ersatz. Antiquitäten wären es vielleicht, aber so viel kann man nicht kaufen.
An die Familie, 9. Mai 1930

63 Sigmund Freuds Schreibtisch mit Figuren, London, 1982

mir ein Verlesen, dem ich sehr häufig unterliege, wenn ich in den Ferien in den Straßen einer fremden Stadt spaziere. Ich lese dann jede Ladentafel, die dem irgendwie entgegenkommt, als *Antiquitäten*. Hierin äußert sich die Abenteuerlust des Sammlers.« (IV, 122) Am Beispiel von Schliemanns Ausgrabung von Troja formuliert er den Satz, daß nur die nachträglich Erfüllung eines Kinderwunsches glücklich mache, nicht aber Geld, da dieses kein Gegenstand eines solchen gewesen sei.

Bei seinem Tod umfaßt Freuds Sammlung annähernd 3000 Stücke, darunter auch asiatische Antiken und Funde aus Amerika und Neuguinea. Auf die Analysanden und Besucher Freuds macht sein Arbeitszimmer bald schon den Eindruck eines archäologischen Museums.

Ich erläutere meine kurzen Angaben über die psychologischen *Unterschiede des Bewußten vom Unbewußten*, über die Usur [Abnutzung], der alles Bewußte unterliegt, während das Unbewußte relativ unveränderlich ist, durch einen Hinweis auf die in meinem Zimmer aufgestellten Antiquitäten. Es seien eigentlich nur Grabfunde, die Verschüttung habe für sie die Erhaltung bedeutet. Pompeji gehe erst jetzt zugrunde, seitdem es aufgedeckt sei.
›Bemerkungen über einen Fall von Zwangsneurose‹ *(VII, 400)*

Oft wird Freuds Interesse an den Überresten vergangener Kulturen (er behauptete von sich selbst, mehr über Archäologie als über Psychologie gelesen zu haben) kurzschlüssig mit der Methode der Psychoanalyse in Zusammenhang gebracht, insofern als es auch in der Psychoanalyse um die Ausgrabung unbewußter Inhalte ginge. Im Gegensatz dazu dienen Freud die Antiken als eine Illustration der Unmöglichkeit, des Unbewußten im vollen Wortsinne habhaft werden zu können.

Die Annatochter: »... es war weise, sie gemacht zu haben«

Das von C. G. Jung in die Welt gesetzte Gerücht, Freud habe eine Liebesaffäre mit seiner Schwägerin Minna unterhalten, gehört schon seit langem zum psychoanalytischen Klatsch. Seine Langlebigkeit erklärt sich nicht zuletzt aus der Tatsache, daß es zwar niemals als Tatsache bewiesen, aber eben auch nicht widerlegt werden konnte. Das dürfte auch in Zukunft so bleiben. Peter Gay hat den (lückenhaft erhaltenen) Briefwechsel zwischen Minna Bernays und Sigmund Freud eingesehen. Es sind zahlreiche Dokumente, die bereits aus der Zeit der Verlobung mit Martha datieren, von beiden Seiten in einem liebevollen, vertraulichen und oftmals sarkastischen Tonfall geschrieben. Offensichtlich schätzt Freud den Scharfsinn und die Intelligenz seiner Schwägerin. Im April 1887 teilt er ihr bereits den Plan mit, sie in den Freudschen Haushalt aufzunehmen und »Dich bei uns zu behalten, bis Du Dir ein eigenes Haus gründest oder nach unserer früheren Verhandlung mit 30 Jahren zu studiren beginnst«. Minna nennt Sigmund in den Briefen »mein gel. Alter«, Sigmund Minna sein »liebes Kind« – aber Hinweise auf weitergehende Intimitäten lassen sich in ihnen nicht finden. Dafür bieten die Lücken im Briefwechsel genü-

Was die Analyse Ihres hoffnungsvollen Sohnes betrifft, so ist das gewiß eine heikle Sache. Bei einem jüngeren Bruder möchte es leichter gehen, bei der eigenen Tochter ist es mir gut geraten, bei einem Sohn hat es besondere Bedenken ... Nicht daß ich direkt vor einer Gefahr warnen konnte, es kommt offenbar alles auf die beiden Personen und ihr Verhältnis zueinander an. Die Schwierigkeiten sind Ihnen bekannt. Ich würde mich nicht verwundern, wenn es Ihnen trotzdem gelänge. Es ist für den Fremden schwer zu entscheiden. Ich würde Ihnen nicht dazu raten. *An Edoardo Weiss, 1. November 1935*

gend Spielraum für beliebige Spekulationen. In welche Richtung diese aber auch gehen mögen, für die Psychoanalyse als Theorie und Praxis sind sie reichlich belanglos.

Von weit größerer Brisanz hingegen ist eine familiäre Tatsache, die zwar keineswegs ein Geheimnis darstellt, aber dennoch den Stoff bietet, aus dem Skandale gemacht werden können: das Faktum, daß Freud der Psychoanalytiker seiner Tochter wurde.

Anna wird am 3. Dezember 1895 geboren, als letztes von den insgesamt sechs Kindern der Freuds. Als sie ein Jahr alt ist, zieht ihre Tante Minna in den Freudschen Haushalt an der Berggasse. Nachdem Minnas Verlobter Ignaz Schönberg, ein enger Freund Sigmund Freuds, 1886 gestorben war, hatte sie abwechselnd bei ihrer Mutter in Hamburg und bei verschiedenen Familien gelebt, bei denen sie als Gouvernante arbeitete. Martha und Minna sind nun »die beiden Mütter« (Freud am 7. Juli 1912 an seinen Schwiegersohn Max Halberstadt) der Freud-Kinder. Annas dritte Mutter ist die Kinderfrau Josefine Cihlatz, die sich vor allem um die jüngeren Kinder Anna, Ernst und Sophie kümmert, während Mathilde, (Jean-)Martin und Oliver von einer Gouvernante betreut werden. Zu Josefine hat Anna ein ähnlich enges Verhältnis wie Sigmund Freud zu seiner Kinderfrau, die seinerzeit wegen Diebstahls unehrenvoll entlassen worden war. Mit ihrer Kinderfrau hat Anna jedoch mehr Glück als einst ihr Vater. Als jüngstes Kind der Familie fühlt sich Anna meist »überflüssig« und ist außerdem in heftige eifersüchtige Querelen mit der älteren Schwester Sophie, dem Sonnenschein der Familie, verstrickt. Dafür ist sie der unbestrittene Liebling Josefines, die Anna später »meine älteste Beziehung und die allerwirklichste aus meiner Kinderzeit«

64 Anna Freud, ca. 1910,

65 Anna Freud, ca. 1920

nennt. Als Anna zur Schule kommt, verläßt Josefine Cihlatz die Freuds und gründet eine eigene Familie.

Während Sophie alle durch ihren weiblichen Charme besticht, erscheint Anna in den Augen ihres Vaters wegen ihrer Frechheit und Unerschrockenheit besonders liebenswert: »Anna wird geradezu schön vor Schlimmheit«, schreibt er über die Vierjährige an Fließ. Und er amüsiert sich wohlwollend über die endlosen Wünsche seiner Tochter, als er ihr von der 1904 mit seinem Bruder Alexander unternommenen Athenreise eine Ansichtskarte schickt, auf der ein kleines Mädchen im Badeanzug zu sehen ist, das ein kleines Segelboot durchs Wasser zieht. Unter das Bild schreibt Freud: »Möchte auch nach Athen!«

Anna ist eine sehr gute Schülerin, die sich jedoch oft langweilt. Während die Töchter von Freuds Freunden, den Kinderärzten

Anna Freud wurde am 3. Dezember 1895 als Tochter Martha und Sigmund Freuds geboren. 1923 eröffnet sie eine eigene Praxis als Psychoanalytikerin. 1927 erscheint ihr erstes Buch, ›Einführung in die Technik der Kinderanalyse‹, 1936 der Klassiker ›Das Ich und die Abwehrmechanismen‹. 1941 eröffnet sie zusammen mit ihrer Freundin Dorothy Burlingham ein Heim für Kriegskinder, 1952 die psychoanalytisch orientierte Hamstead-Klinik, deren Leiterin sie bis zu ihrem Tod ist. Sie stirbt an den Folgen eines Schlaganfalls am 8. Oktober 1982.

Oscar Rie und Ludwig Rosenberg, nach der Volksschule aufs Gymnasium gehen, wird Anna ebenso wie ihre beiden Schwestern auf das Lyzeum geschickt, das sie 1912 mit »sehr gut« in allen Fächern abschließt. Mit diesem Abschluß ist ihr ein akademisches Studium verwehrt; sie beginnt darum eine Ausbildung zur Volksschullehrerin. Noch während ihrer Zeit auf dem Lyzeum darf sie zuweilen als Zaungast bei den Diskussionen der Wiener Psychoanalytischen Gesellschaft zuhören; am 10. Oktober 1917 verzeichnet sie das Protokoll zum ersten Mal offiziell als Gast.

Ihre volle Mitgliedschaft erwirbt sie 1922 mit einem Vortrag über ›Schlagephantasie und Tagtraum‹, in der sie anhand einer fiktiven Patientin ihre eigene Analyse bei ihrem Vater reflektiert. Diese Analyse hatte sie am 1. Oktober 1918 begonnen, sie sollte die (damals noch nicht obligate) Vorbereitung für die eigene Tätigkeit als Analytikerin sein. Anna Freuds Fallgeschichte erzählt von einem Mädchen, dessen masochistische Onaniephantasien auf die Bestätigung des unbewußten Wunsches hinauslaufen, daß der Vater nur sie liebe. Während der vier Jahre, in der er seine Tochter analysiert, publiziert auch Sigmund Freud einen »Beitrag zur Kenntnis der Entstehung sexueller Perversionen« unter dem Titel: ›Ein Kind wird geschlagen‹, in die seine Erfahrungen mit der Tochter eingeflossen sein dürften: »In zweien meiner vier weiblichen Fälle hatte sich über der masochisti-

66 Anna mit Freud, 1929

Es gibt eigentlich dreierlei Wege in das Lesen von Papas Büchern. Der eine ist der orentliche des Studenten, z. B., der etwas erlernen will. Der muß mit den ›Vorlesungen‹ anfangen. Der andere ist der, der mit den kranken Menschen anfangen will, der sollte die »Krankengeschichten« zuerst nehmen, obwohl sie schwer sind, aber sie sagen sehr viel ... Der dritte Weg wäre, alles schon Vorhandene anzunehmen und es so zu verwenden, als ob es einem immer gehört hätte.

Anna Freud in einem Brief an ihre Freundin Eva Rosenfeld

Rudolf Kreisler, Freuds Patient in den Jahren 1916 bis 1918, über seine Analyse: »Deutlich und nicht ohne starke Erregung sehe ich mich auf dem Sofa liegen u. meine Komplexe mit tausenderlei Widerständen gegen die ruhigen Feststellungen des Prof. verteidigen. Er saß hinter meinem Kopf auf einem Fauteuille ... immer eine Zigarre in der Hand oder im Munde u. blieb trotz meiner taktlosesten Angriffe auf ihn (ich nannte ihn Schwindler, Ausnützer, drohte mit schamloser Rache monatelang) immer sachlich u. beobachtend, wortkarg. Mit erstaunlicher Sicherheit schälte er aus meinen verworrensten Träumen einen Kern heraus, den zu begreifen ich mich weigerte. Sein Blick war, wenn ich Gelegenheit hatte, ihn zu sehen, wenigstens für mich, tief durchdringend u. gütig dabei, immer war er reserviert u. sich bewußt, daß er ein Arzt sei. *Memorandum vom 29. Juni 1954, LC B52*

schen Schlagephantasie ein kunstvoller, für das Leben der Betreffenden sehr bedeutsamer Überbau von Tagträumen entwickelt, dem die Funktion zufiel, das Gefühl der befriedigten Erregung auch bei Verzicht auf den onanistischen Akt möglich zu machen.« (XII, 210) (Es dürfte Freud kaum entgangen sein, daß mit dem Beginn der Analyse Annas die unbewußte Gleichsetzung von *Ich werde vom Vater geschlagen* mit *Ich werde vom Vater geliebt* aus der subjektiven Phantasie in die intersubjektive Realität der Analyse – *Ich werde vom Vater analysiert* – überführt wurde.)

67 Die Couch, London, 1982

Die Triebe und der »Zauderrhythmus des Lebens«

Im Zentrum der ›Traumdeutung‹ steht der Begriff des Wunsches (den, so Freud, der Traum in entstellter Form erfülle). Einer der Schlüsselbegriffe der ›Drei Abhandlungen zur Sexualtheorie‹ hingegen ist der Trieb. Obwohl »Trieb« zu den populärsten Vokabeln aus dem Wörterbuch der Psychoanalyse gehört, ist es zugleich ihr dunkelster Terminus, ein »Grenzbegriff zwischen psychologischer und biologischer Auffassung« (VIII, 410f.). Zugänglich sind der Psychoanalyse die Triebe nur insofern, als sie sich an *Vorstellungen,* bewußte oder unbewußte, heften. Der Wunsch ist sozusagen die psychische Ausdrucksform des Triebes.

Freud ändert seine Triebtheorie mehrfach, immer jedoch versucht er an einer dualistischen Konzeption des Triebes festzuhalten. Zunächst folgt seine Triebtheorie dem naheliegenden Schema von Liebe und Hunger. Den Sexualtrieben stehen in diesem Konzept die Selbsterhaltungstriebe gegenüber. Diese Auffassung, bei der die (ab 1910) auch als »Ichtriebe« bezeichneten Kräfte der Selbsterhaltung mit den bewußten (und verdrängenden) und die Sexualtriebe mit den unbewußten (verdrängten) Kräften des Seelenlebens zusammenfallen, wird schließlich durch die Theorie des »Narzißmus« gesprengt, in der das Ich selbst sowohl als Reservoir als auch als Objekt der Sexualtriebe erscheint

Diese Theorie verdankt ihren Namen dem griechischen Mythos von Narcissos, dem Jüngling, der sich in sein Spiegelbild verliebte. Sie bezieht sich auf die Tatsache, daß Liebe keineswegs nur ein Phänomen zwischen zwei Personen ist, sondern zugleich auch als Eigen-Liebe existiert. Das Subjekt liebt sich selbst wie ein Objekt: So lautet die Formel des Narzißmus. Da Freud sich die sexuelle Energie als eine begrenzte Quantität an »Libido« vorstellt, stehen die Liebe, die ein Subjekt für sich und diejenige, die es für äußere Objekte zur Verfügung hat, in einem komplementären Verhältnis.

Die Trieblehre ist sozusagen unsere Mythologie. Die Triebe sind mythische Wesen, großartig in ihrer Unbestimmtheit. Wir können in unserer Arbeit keinen Augenblick von ihnen absehen und sind dabei nie sicher, sie scharf zu sehen.

›Neue Folge‹ (XV, 101)

Was für die Objekttriebe Befriedigung verheißt, bedeutet für die Ichtriebe Verarmung, Verschwendung der begrenzten Libido an äußere Objekte. Liebe ist somit ein gefährliches Unterfangen; und nur das Wiedergeliebtwerden durch die Objekte der Liebe schützt das Subjekt vor der drohenden Verarmung. Nun mag man sich fragen, warum ein Subjekt überhaupt ein gehöriges Quantum seiner Eigenliebe an andere verschwendet. Freuds Antwort lautet, das Subjekt werde geradezu genötigt, ein Objekt zu lieben, »wenn die Ichbesetzung mit Libido ein gewisses Maß überschritten habe. Ein starker Egoismus schützt vor Erkrankung, aber endlich muß man beginnen zu lieben, um nicht krank zu werden, und muß erkranken, wenn man infolge von Versagung nicht lieben kann.« (X, 151f.) Die Liebe muß also zirkulieren, und jede Störung dieses Austauschprozesses bedeutet die Gefahr einer psychischen Krise, wenn nicht gar Katastrophe.

Seine letzte Triebtheorie entwirft Freud in ›Jenseits des Lustprinzips‹ (1920): Im klinischen Phänomen des Wiederholungszwanges – jenem Drang, auch Unlustvolles wie erlittene Traumata agierend zu wiederholen, statt zu erinnern – lokalisiert Freud das »Jenseits« des nach dem Lustprinzip funktionierenden psychischen Apparats. Als alltägliches Beispiel des Wiederholungszwangs zitiert Freud das Spiel eines seiner Enkel. Dieser verarbeitet den für ihn unangenehmen Weggang der Mutter durch das Wegwerfen und wieder Herbeiziehen einer an einen Faden gebundenen Garnrolle. Hier wird erlittene Unlust in eigene Aktivität verwandelt und psychisch bewältigt. Doch Freud macht die Beobachtung, daß sich auch Personen traumatisierenden Situationen, sei es in der Realität, sei es in der Phantasie, wieder aussetzen, ohne daß ihnen damit eine Bewältigung des vorausgegangenen Traumas gelingt.

»Was nun folgt, ist Spekulation« (XIII, 23), schreibt Freud, eine Spekulation freilich, die für Freud bis zu seinem Lebensende eine

---

Ich schreibe diese neueren spekulativen Dinge nicht ohne inneren Einspruch. Eigentlich sollte ich dem Drängen der Todestriebe gehorchend mir u. Anderen Ruhe geben, aber es ist der noch nicht beschwichtigte Eros oder die Not der Zeit, die auch dem Alter keine Musze gönnt, ich sehe mich gezwungen weiter zu arbeiten, zu analysieren u. denn auch zu schreiben, möchte aber keinem der Jüngeren u. Kräftigeren damit den Weg versperren.

An August Stärcke, 10. September 1922 (SFC)

immer größere Evidenz gewinnt. Es ist die Unterscheidung von Lebenstrieben und Todestrieb. Diese neue Konzeption der Triebdualität ist eine asymmetrische. Der stumm wirkende Todestrieb ist nicht ein äußerer Gegenspieler zur Vielfalt der Lebenstriebe, sondern er steckt in diesen selbst als die Tendenz, von der Komplexität des Lebens zu einem einfachen, spannungslosen Zustand zurückzukehren. Der Todestrieb ist der Drang, den »Unfall«, den die unbelebte Materie irgendwann einmal erlitten hat und den wir »Leben« nennen, wieder rückgängig zu machen. Den Todestrieb begreift Freud als den tief verborgenen Motor des Wiederholungszwangs. Die Zukunft, die uns erwartet, ist ein Zustand der Vergangenheit: »Es ist wie ein Zauderrhythmus im Leben der Organismen; die eine Triebgruppe stürmt nach vorwärts, um das Endziel des Lebens möglichst bald zu erreichen, die andere schnellt an einer gewissen Stelle dieses Weges zurück, um ihn von einem bestimmten Punkt an nochmals zu machen und so die Dauer des Weges zu verlängern.« (XIII, 43) Auch das Wesen des Wunsches ist nicht ohne den Aspekt der Wiederholung, ohne die Vermischung von Vor und Zurück zu begreifen: In der Arbeit über den ›Dichter und das Phantasieren‹ zeigt Freud (VII, 218), »wie der Wunsch einen Anlaß der Gegenwart benützt, um sich nach dem Muster der Vergangenheit ein Zukunftsbild zu entwerfen«. Die Wandlungen des Wunsches sind notgedrungen Wiederholungen, die Wiederholungen aber auch Wandlungen. Es gehört zum Wunsch, daß er

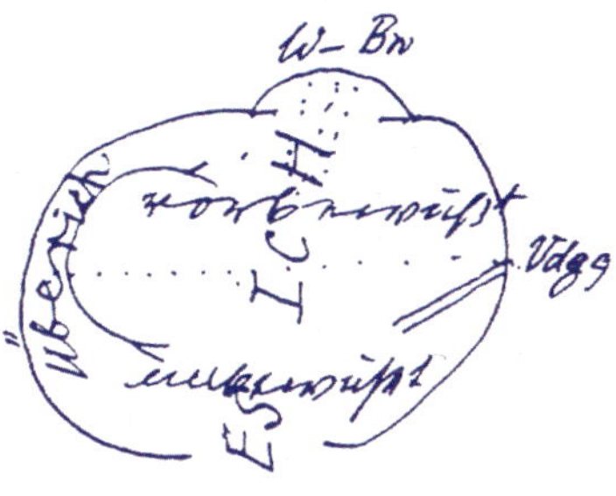

68 Eine von Freuds Skizzen zum Verhältnis von Es, Ich und Über-Ich

Freud über die Zerlegung der psychischen Persönlichkeit: Sie sehen hier, das Über-Ich taucht in das Es ein; als Erbe des Ödipuskomplexes hat es ja intime Zusammenhänge mit ihm; es liegt weiter ab vom Wahrnehmungssystem als das Ich. Das Es verkehrt mit der Außenwelt nur über das Ich ... Es ist ... schwer zu sagen, inwieweit die Zeichnung richtig ist; in einem Punkt ist sie es gewiß nicht. Den Raum, den das unbewußte Es einnimmt, müßte unvergleichlich größer sein als der des Ichs oder des Vorbewußten.

›Neue Folge‹ (XV, 85)

sich auf Umwegen wiederholen muß und so sich wandelt.

Der Titel der 1930 erschienen Schrift ›Unbehagen in der Kultur‹ schließlich bezeichnet jene Linie im Freudschen Denken, die im Laufe seines Lebens eine zunehmend größere Bedeutung für ihn erlangt hat: Immer weniger geht es Freud darum, äußerliche Konflikte aufzuzeigen. Im Vordergrund stehen zunehmend die inneren Widersprüche, an denen die Menschen unvermeidlich leiden und die auch ihr Tun und dessen Ergebnisse sowie die Versuche, ihr Zusammenleben zu organisieren, durchziehen. Die Milderung des Masochismus bringt lediglich eine Verstärkung des Sadismus hervor; Liebe ist immer nur der eine Bestandteil einer unauflöslichen Ambivalenz von Liebe und Haß; wir werden nicht nur krank, wenn wir nicht lieben, sondern auch, wenn wir nicht hassen; ein höheres Maß an Moralität reduziert nicht etwa, sondern *verstärkt* das Schuldgefühl. Und, nicht zu vergessen: In allen Lebensäußerungen wirkt der Todestrieb mit.

DAS UNBEHAGEN
IN DER
KULTUR
VON
SIGM. FREUD

1.—12. Tausend

1930
INTERNATIONALER
PSYCHOANALYTISCHER VERLAG
WIEN

69 Erstdruck von ›Das Unbehagen in der Kultur‹, 1930

Freud über seine Todestrieb-Spekulation: Ich habe im »Jenseits« eine gewisse neutrale Einstellung zu meinen eigenen Gedanken gewählt, konnte sie aber nicht festhalten und bin in der nächsten noch ungedruckten Schrift ›Das Ich und das Es‹ durchaus Partei geworden. Hier wird es klar werden, daß ich dem Individuum keineswegs einen »Arttrieb« zumute, die Fortpflanzung kommt zu ihrem Recht, indem der im Ich herrschende Todestrieb sich gegen die Störungen des Eros verteidigt. Sein stärkstes Mittel ist dann die Ausstoßung der mit dem Eros am intensivsten geladenen Substanz, was dann ohne weiteres den Wert eines partiellen Todes für das Ich haben mag, ohne daß dadurch der Eros selbst zum Todestrieb würde.

An August Stärcke, 10. September 1922 (SFC)

Psychoanalyse, Religion und Wissenschaft

Das Thema der Religion zieht sich durch Freuds gesamtes Werk: Sei es, daß er in der Zwangsneurose und der ihr eigenen Abwehrformen Analogien zur Praxis der Religionsausübung findet, sei es, daß er die Religion als eine dem individuellen Wahn verwandte kollektive Illusion kritisiert – es ist vor allem das Spiegelungsverhältnis zwischen dem einerseits individuellen, andererseits gattungsgeschichtlichen Ödipusschicksal des Menschen und dem religiösen System, das ihn interessiert. Ebenso wie die Neurose nicht verstanden werden kann, wenn man sie als eine im Grunde überflüssige Störung des gesunden psychischen Funktionierens begreift, kommt man dem Geheimnis der Religion nicht auf die Spur, wenn man sie als eine letztlich überflüssige und durch Aufklärung zu beseitigende Verirrung der menschlichen Einbildungskraft betrachtet.

»Durch eine Art von Diffusion oder Infektion hat sich der Charakter der Heiligkeit, Unverletzlichkeit, der Jenseitigkeit möchte man sagen, von einigen wenigen großen Geboten auf alle weiteren kulturellen Einrichtungen, Gesetze und Verordnungen ausgebreitet.« (XIV, 364) Allerdings hält der Heiligenschein, mit dem die weltlichen Ge- und Verbote versehen sind, nicht das, was er zu versprechen scheint: ihre jenseits allen Zweifels stehende Berechtigung durch die Ableitung aus göttlichem Gebot. Da unter dem faktisch gegebenen Recht offensichtlich auch höchst angreifbare und unvernünftige Vorschriften existieren, droht nach Freuds Ansicht die Einsicht in die Kritikwürdigkeit dieser Vorschriften, einen allgemeinen Autoritätsverlust selbst der wesentlichen Gesetze der Sittlichkeit her-

Jerusalem ist zerstört, und Marthchen und ich leben und sind glücklich. Und die Geschichtsforscher sagen, wenn Jerusalem nicht zerstört worden wäre, wären wir Juden untergegangen wie so viele Völker vor uns und nach uns. Erst nach dem Zerfall des sichtbaren Tempels sei der unsichtbare Bau des Judentums möglich geworden.

An Martha Bernays, 23. Juli 1882

beizuführen. So »wäre es ein unzweifelhafter Vorteil, Gott überhaupt aus dem Spiele zu lassen und ehrlich den rein menschlichen Ursprung aller kulturellen Einrichtungen und Vorschriften einzugestehen.« Doch diese rationale Konstruktion des Politischen zielt für Freud am Kern der Moral vorbei. Gegen eine Herleitung des Tötungsverbotes aus rationalen Erwägungen (es könnte vorteilhaft sein, jemanden aus egoistischen Motiven zu töten, aber dann könnte auch ich von jemand anderem aus solchen Motiven getötet werden, deswegen bedarf es moralischer Maximen) wendet Freud folgendes ein: »Rein vernünftige Motive richten noch beim heutigen Menschen wenig gegen leidenschaftliche Antriebe aus; um wieviel ohnmächtiger müssen sie bei jenem Menschentier der Urzeit gewesen sein! Vielleicht würden sich dessen Nachkommen noch heute hemmungslos, einer den andern, erschlagen, wenn unter jenen Mordtaten nicht eine gewesen wäre, der Totschlag des primitiven Vaters, die eine unwiderstehliche, folgenschwere Gefühlsreaktion heraufbeschworen hätte. Von dieser stammt das Gebot: du sollst nicht töten ... Aber jener Urvater ist ... das Urbild Gottes gewesen ... Somit hat die religiöse Darstellung recht, Gott war wirklich an der Entstehung jenes Verbots beteiligt, sein Einfluß, nicht die Einsicht in die soziale Notwendigkeit hat es geschaffen ... Die religiöse Lehre teilt uns also die historische Wahrheit mit, freilich in einer gewissen Umformung und Verkleidung; unsere rationelle Darstellung verleugnet sie.« (XIV, 365f.)

Freud beruft sich hier auf die Ergebnisse seiner ethnologischen Spekulation über die Entstehung der Gesellschaft in ›Totem und Tabu‹. In dieser Schrift geht er von Darwins Annahme einer Urhorde von Hominiden aus, in der das ranghöchste Männchen als einziges die freie Verfügungsgewalt über alle Weibchen der Gruppe besitzt. Statt eines Gesetzes herrscht allein die Macht dieses einen Urvaters. Der natürliche Tod dieses

---

Die **Darwinsche Theorie** der biologischen Evolution geht von zwei Voraussetzungen aus: dem zufälligen Auftreten erblicher Merkmalsänderungen sowie einer Überproduktion von Nachkommen. Im Konkurrenzkampf überleben solche Organismen, die ihrer Umwelt am besten angepaßt sind; die dadurch entstehende allmähliche Häufung besser angepaßter Varianten einer Art führt so zur Ausbildung zweckmäßiger biologischer Organisationsformen. Der Kampf ums Dasein, von dem Darwin spricht, ist kein individueller, sondern gleichsam eine statistische Bewährungsprobe der Varianten.

Männchens führt allerdings ebensowenig wie ein Sieg eines Stärkeren dazu, den Kreislauf dieser naturwüchsigen Tyrannei zu unterbrechen, sondern bringt lediglich einen anderen Protagonisten an die Spitze. Der Bruch – der Sprung von der Horde zur Gesellschaft – geschieht Freud zufolge erst mit der gemeinschaftlichen Verabredung der Brüder, den Vater zu erschlagen und ihrerseits auf die sexuelle Verfügung über die Weibchen – die Schwestern und die Mutter – zu verzichten. Im »nachträglichen Gehorsam« gegenüber dem gefürchteten und nunmehr ermordeten Vater entstehen das Tötungs- und Inzesttabu als Ersetzung der auf reiner Gewalt beruhenden Macht des Vaters durch die Ordnung eines verinnerlichten Gesetzes.

Die Vorgeschichte des Menschen tritt mit diesem Schritt in das Stadium der Geschichte, der Verdrängung und des Symbolischen ein: An die Stelle des Vaters tritt das Totemtier, das die Zugehörigkeit der Mitglieder zu ihrer Horden markiert und die sexuellen Beziehungen reguliert, indem es solche zwischen Angehörigen desselben Totem verbietet. Regelmäßig jedoch erinnert die rituelle Schlachtung und Verspeisung des Totemtieres an den gesellschaftsbildenden Akt des Urmordes und bekräftigt – in der symbolischen, festlichen Übertretung des Gesetzes – die Anerkennung der gesetzlichen Ordnung.

Der Begriff des »nachträglichen Gehorsams«, dem das Gesetz der Brüderhorde vermeintlich Rechnung trägt, ist so eingängig, daß eine entscheidende Lücke in der Freudschen Konstruktion vom Ursprung des Gesetzes leicht übersehen wird. Denn das, was vor dem

70 Charles Darwin (1809–1882), Karikatur zu Darwins Lehre von der Evolution: ›Darwin und der Affe‹. Farblithographie, 1874

Mord am Urvater herrschte, war keineswegs das »Gesetz« des Vaters, sondern lediglich ein Zustand des gesetzlosen Rechts des Stärkeren. Erst dadurch, daß die Brüder ihre Tat als eine »Übertretung« interpretieren (eines Gesetzes freilich, das es noch gar nicht gibt), bringt die Gewalttat, die auch nur eine Fortsetzung der väterlichen Gewalt hätte darstellen können, das Gesetz hervor. Der angebliche »nachträgliche Gehorsam« ist also in Wirklichkeit ein Schöpfungsakt.

Freuds Wendung von der Individualgeschichte zur Gattungsgeschichte, von der Familie zur Urhorde könnte man als die Projektion der Ergebnisse der psychoanalytischen Behandlung der Neurotiker in die Dimension der universellen Geschichte verstehen. Damit verfehlt man jedoch eine wesentliche Dimension. Wie schon der Rückgriff auf den Mythos in der Wahl des Begriffs des Ödipuskomplexes andeutet, ist für Freud die ödipale Konstellation etwas anderes als nur ein (freilich verallgemeinerbarer) Familienkonflikt oder eine psychische Entwicklungsphase.

Diese Zirkularität von Onto- und Phylogenese (also Individual- und Gattungsgeschichte) oder mit anderen Worten: Freuds Lamarckismus – die auch zu seiner Zeit höchst zweifelhafte Theorie der Vererbung erworbener Eigenschaften – erscheinen als der Versuch, in die *Geschichte* des Psychischen strukturelle Verhältnisse »einzutragen« (ein Verb, das Freud immer wieder gern verwendet), die gleichsam die *Bedingungen* des Psychischen *überhaupt* markieren. Die Tatsache nämlich, daß jede Äußerung eines Wunsches (einer Regung also, die über das bloße Bedürfnis hinausgeht) von Anfang an an eine intersubjektive Ordnung gebunden ist, die die Geschichte des Subjektes überschreitet.

›Der Mann Moses und die monotheistische Religion‹ ist Freuds letztes Buch: sein psychoanalytisches Vermächtnis, in dem es einmal mehr um die Frage der Religion und ihrer Herkunft geht, diesmal am Beispiel der Entstehung des jüdischen

Ich möchte selbst gerne wissen, ob die Urszene bei meinem Patienten Phantasie oder reales Erlebnis war, aber mit Rücksicht auf andere ähnliche Fälle muß man sagen, es sei eigentlich nicht sehr wichtig, dies zu entscheiden ... Wir sehen nur in der Urgeschichte der Neurose, daß das Kind zu diesem phylogenetischen Erleben greift, wo sein eigenes Erleben nicht ausreicht. Es füllt die Lücken der individuellen Wahrheit mit prähistorischer Wahrheit aus ... *›Aus der Geschichte einer infantilen Neurose‹ (XII, 131)*

Bei näherer Besinnung müssen wir uns eingestehen, daß wir uns seit langem so benommen haben, als stände die Vererbung von Erinnerungsspuren an das von den Voreltern Erlebte, unabhängig von direkter Miteilung und von dem Einfluß der Erziehung durch Beispiel, nicht in Frage ... Unsere Sachlage wird allerdings durch die gegenwärtige Einstellung der biologischen Wissenschaft erschwert, die von der Vererbung erworbener Eigenschaften auf die Nachkommen nichts wissen will. Aber wir gestehen in aller Bescheidenheit, daß wir trotzdem diesen Faktor in der biologischen Entwicklung nicht entbehren können ... Wenn wir den Fortbestand solcher Erinnerungsspuren in der archaischen Erbschaft annehmen, haben wir die Kluft zwischen Individual- und Massenpsychologie überbrückt, können die Völker behandeln wie den einzelnen Neurotiker.

›Der Mann Moses und die monotheistische Religion‹ (XVI, 206f.)

Monotheismus. Der Inhalt dieser Arbeit ist in Freuds eigenen Worten rasch erzählt: »Der Jude ist eine Schöpfung des Mannes Moses.« Moses selbst aber »war kein Jude«, sondern »ein vornehmer Ägypter ..., ein eifriger Anhänger des monotheistischen Glaubens, den der Pharao Amenhotep IV. so um 1350 v. Chr. zur herrschenden Religion gemacht hatte« (an Lou Andreas-Salomé, 6. Januar 1936). Nach dem Tode Amenhotep IV. jedoch wurden die Ägypter dem ihnen aufgezwungenen Monotheismus untreu, und Moses wählte einen von den Ägyptern versklavten semitischen Stamm aus, um ihn im neuen Glauben zu erziehen. Doch das ist erst der Anfang der jüdischen Geschichte, die, damit sie Tradition, *Geschichte* im eigentlichen Sinn werden kann, einen spezifischen Fortgang nehmen muß: Die von Moses aus Ägypten befreiten Juden dankten es ihm schlecht. Auch sie ertrugen »den anspruchsvollen Glauben der *Aton*religion so wenig wie früher der Ägypter. Ein christlicher Forscher *Sellin* hat es wahrscheinlich gemacht, daß Moses wenige Jahrzehnte später in einem Volksaufstand erschlagen und seine Lehre abgeworfen wurde.« Das von Moses erwählte Volk vereinigte sich nach dieser Tat mit anderen Stämmen, welche

Auf die Vererbungslehre des französischen Naturforschers Jean-Baptiste Lamarck (1774–1829), bezieht sich Freud immer wieder. Der Lamarckismus besagt, daß lange Zeit gleichbleibende äußere Eigenschaften der Umwelt Einfluß auf die Gestaltung der Organe der Arten haben. Diese erworbenen Eigenschaften werden auf die kommenden Generationen vererbt. Das bekannteste Beispiel: Die Giraffe habe ihren langen Hals durch das ständige Strecken nach hoch wachsender Blattnahrung erworben und vererbt. Bereits zu Freuds Zeiten war der Lamarckismus eine biologisch (insbesondere) durch Darwin als überwunden geltende Theorie.

den Vulkangott Jahve verehrten und welcher nun zum Gott der Juden wurde. »Aber die Mosesreligion war nicht ausgelöscht, eine dunkle Kunde war von ihr und ihrem Stifter geblieben, die Tradition verschmolz den Mosesgott mit Jahve ... im Laufe von 6 – 8 Jahrhunderten war Jahve zum Ebenbild des Mosesgottes verändert worden. Als halb erloschene Tradition hatte die Religion des Moses sich endgültig durchgesetzt. Dieser Vorgang ist für die Religionsbildung vorbildlich und war nur die Wiederholung eines früheren. Die Religionen verdanken ihre zwingende Macht der *Wiederkehr des Verdrängten*, es sind Wiedererinnerungen von uralten, verschollenen, höchst effektvollen Vorgängen der Menschengeschichte. Ich habe das schon in Totem und Tabu gesagt, fasse es jetzt in die Formel: Was die Religion stark macht, ist nicht ihre *reale*, sondern ihre *historische* Wahrheit.«

Oft genug ist in der Literatur Freuds Identifikation mit Moses betont worden. Wenn diese Gleichung stimmt, so geht deren Wahrheit weit über das Biographische hinaus. Freuds historische Spekulation über die Herkunft des jüdischen Monotheismus besitzt durchaus einige Plausibilität; doch die in ihr gewonnene religionsgeschichtliche Erkenntnis erklärt nicht die überaus große (affektive) Bedeutung, die Freud seiner ›Moses‹-Studie zumißt. Er selbst fragt sich, was man davon habe, »wenn wir den jüdischen Monotheismus vom ägyptischen ableiten«. Dadurch werde das Problem schließlich

71 Moses-Statuette des Nicolas von Verdun

»nur um ein Stück verschoben« (XVI, 169). Was Freud in seiner Arbeit über Moses nicht nur beschreibt, sondern schreibend vorführt, ist jener Akt der Verschiebung, der »Entstellung« (also der Verschiebung an einen anderen Ort und in eine andere Zeit), ohne den eine Tradition nicht entstehen und sich nicht fortpflanzen kann. Die unausgesprochene Einsicht des ›Moses‹, sein testamentarischer Charakter, liegt in der Anwendung der religionsgeschichtlichen Spekulation auf die Psychoanalyse selbst.

Was Freud ahnt, ist, daß die Freudianer den »anspruchsvollen Glauben« der Psychoanalyse so wenig vertragen wie die Ägypter und die von Moses auserwählten und geschaffenen Juden den abstrakten Monotheismus der Atonreligion. Freuds ›Moses‹ ist ein literarischer Akt der Selbstverwerfung und der Unterwerfung der Psychoanalyse unter das Gesetz der Geschichte, das heißt: der Entstellung und der Deutung. Außerhalb dieses Prozesses kann es keine psychoanalytische Tradition geben.

Eine der letzten Arbeiten Freuds, die kleine Schrift über die ›Ichspaltung im Abwehrvorgang‹, beginnt mit einem Satz, den man als geradezu programmatisch für die Position der Psychoanalyse innerhalb der Wissenschaften lesen kann: »Ich befinde mich einen Moment lang in der interessanten Lage, nicht zu wissen, ob das, was ich mitteilen will, als längst bekannt und selbstverständlich oder als völlig neu und befremdend gewertet werden soll.« (XVII, 59) Dieser Moment der »Schwebe« scheint charakteristisch für die Art der psychoanalytischen Erkenntnisgewinnung zu sein: sei es nun in Form der »freischwebenden Aufmerksamkeit«, mit welcher der Analytiker die Äußerungen des Analysanden (dessen »freie Assoziationen«) zur Kenntnis nehmen soll, oder in der Art und Weise, in der Freud seine Theorie als Neuinterpretation alten Wissens (respektive: Unwis-

So radikal wie Moses mit seiner ägyptischen Heimat und ihren Machthabern gebrochen hat, die ihn wegen seiner zukunftweisenden Ideen verfolgten, hat auch Freud innerlich alle Bindungen an Deutschland gekappt, hat er nicht nur mit dem Deutschland der Nazis gebrochen, sondern mit allem, was noch deutsch an ihm war. ... er will nichts sein als der Sohn von Niemand und Nirgendwo, der Sohn einzig und allein seiner Werke und seines Werkes, dessen Identität wie die des ermordeten Propheten über die Jahrhunderte hinweg ein verwirrendes Rätsel bleibt. *Marthe Robert*

Ein Trost für die schlechte Aufnahme, welche meine Aufstellung der sexuellen Ätiologie der Neurosen auch im engeren Freundeskreis fand ..., lag doch in der Überlegung, daß ich für eine neue und originelle Idee den Kampf aufgenommen hatte. Allein eines Tages setzten sich bei mir einige Erinnerungen zusammen, welche diese Befriedigung störten und mir dafür einen schönen Einblick in den Hergang unseres Schaffens und die Natur unseres Wissens gestatteten. Die Idee, für die ich verantwortlich gemacht wurde, war keineswegs in mir entstanden. Sie war mir von drei Personen zugetragen worden, deren Meinung auf meinen tiefsten Respekt rechnen durfte, von *Breuer* selbst, von *Charcot* und von dem Gynäkologen unserer Universität *Chrobak* ... Alle drei Männer hatten mir eine Einsicht überliefert, die sie, streng genommen, selbst nicht besaßen ... In mir aber hatten diese ohne Verständnis aufgenommenen identischen Mitteilungen durch Jahre geschlummert, bis sie eines Tages als eine scheinbar originelle Erkenntnis erwachten. *›Zur Geschichte der psychoanalytischen Bewegung‹ (X, 50)*

sens oder Halbwissens) situiert. Formulierungen wie die eben zitierte finden sich immer wieder in Freuds Werk zerstreut, und immer geht es um die eigentümliche Spannung zwischen Alt und Neu, welche die Psychoanalyse nicht nur zum Gegenstand hat, sondern in welcher sie sich selbst befindet.

Die rhetorische Formel, daß es sich bei den Erkenntnissen der Psychoanalyse sowohl um Neuigkeiten als auch um längst be-, aber oftmals in bestimmter Weise *ver*kannte Einsichten handelt, wendet Freud auch auf die Erkenntnisse der Philosophen an: Was etwa bei Schopenhauer »über das Sträuben gegen die Annahme eines peinlichen Stückes der Wirklichkeit gesagt ist, deckt sich so vollkommen mit dem Inhalt meines Verdrängungsbegriffes, daß ich wieder einmal meiner Unbelesenheit für die Ermöglichung einer Entdeckung verpflichtet sein durfte. Indes haben andere diese Stelle gelesen und über sie hinweggelesen, ohne diese Entdeckung zu machen ...« (X, 53) Außer den Philosophen (vor allem Schopenhauer und Nietzsche, die er wesentlich besser gekannt haben dürfte als im nachträglich lieb war) sind es für Freud die Schriftsteller, die »intuitiv« vorweg-

Es zeigte sich, daß die Psychoanalyse nichts Aktuelles aufklären könne außer durch Zurückführung auf etwas Vergangenes, ja daß jedes pathogene Erlebnis ein früheres voraussetzt, welches, selbst nicht pathogen, doch dem späteren Ereignis seine pathogene Eigenschaft verleiht. Die Versuchung, bei dem bekannten aktuellen Anlaß zu verbleiben, war aber so groß, daß ich ihr noch bei späten Analysen nachgegeben habe.
›Zur Geschichte der psychoanalytischen Bewegung‹ (X, 47)

nahmen, was die Psychoanalyse »mühselig« entdeckte. Und zugleich ist die Psychoanalyse »philosophischer« und »literarischer«, als es Freud genehm ist, der die Psychoanalyse als »Wissenschaft« etablieren möchte.

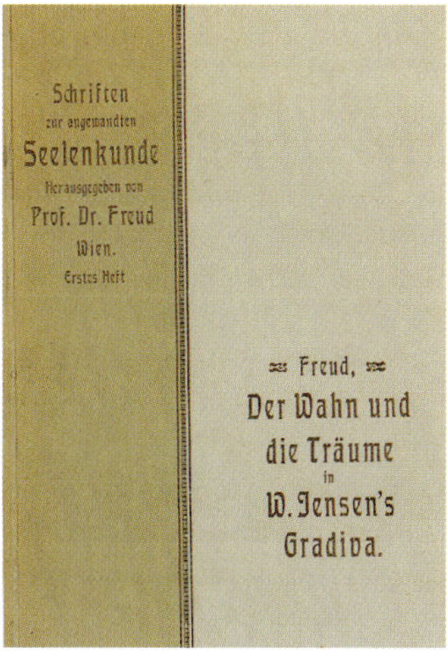

72 Freuds erste ausführliche Literaturanalyse von 1907 gilt Jensens Novelle ›Gradiva‹, einem »pompejanischen Phantasiestück«, in dem Freud Elemente der eigenen Theorie zu erkennen glaubt.

Vielleicht berührt es Freud deshalb eigentümlich, »daß die Krankengeschichten, die ich schreibe, wie Novellen zu lesen sind, und daß sie sozusagen des ernsten Gepräges der Wissenschaftlichkeit entbehren« (I, 227). Die Novelle ist, ihrer klassischen Definition zufolge, die Erzählung einer unerhörten Begebenheit. Nehmen wir die Genredefinition wörtlich: In seiner novellistischen Darstellung bringt Freud das bislang Unerhörte zur Sprache: den unbewußten Wunsch. Indem er sich, wenngleich wider Willen, als Novellist bekennt, tut er zugleich noch etwas anderes: Er erkennt die Getriebenheit von Wünschen als Motiv seiner Erkenntnis. »Der Dichter«, so hatte Freud erkannt, »tut nun dasselbe wie das spielende Kind; er erschafft eine Phantasiewelt, die er sehr ernst nimmt, d. h. mit großen Affektbeträgen ausstattet, während er sie von der Wirklichkeit scharf sondert«. (VII, 214) Freuds Wissenschaft – als novellistische Kunst betrachtet – sondert indes ihre Schöpfungen nicht scharf von der Wirklichkeit, sondern behauptet im Gegenteil, verborgene, unerhörte Wirklich-

Es ist bei der Entstellung eines Textes ähnlich wie bei einem Mord. Die Schwierigkeit liegt nicht in der Ausführung der Tat, sondern in der Beseitigung ihrer Spuren. Man möchte dem Worte »*Entstellung*« den Doppelsinn verleihen, auf den es Anspruch hat ... Es sollte nicht nur bedeuten: in seiner Erscheinung verändern, sondern auch: an eine andere Stelle bringen, anderswohin verschieben.

›Der Mann Moses und die monotheistische Religion‹ (XVI, 144)

keit erst hörbar gemacht zu haben. Die Behauptung des novellistischen Charakters der Psychoanalyse reflektiert deren Status als Geschichten schreibende Geschichtsschreibung.

Eine der vielfachen Techniken des Witzes, so schreibt Freud in ›Der Witz und seine Beziehung zum Unbewußten‹, bestehe darin, »daß jedesmal etwas Bekanntes wiedergefunden wird, wo man anstatt dessen etwas Neues hätte erwarten können. Dieses Wiederfinden des Bekannten ist lustvoll, und es kann uns wiederum nicht schwerfallen, solche Lust als Ersparungslust zu erkennen, auf die Ersparung an psychischem Aufwand zu beziehen.« (VI, 135) Diesem Spiel mit dem Lustprinzip stellt Freud sein theoretisches Realitätsprinzip entgegen, in dem das Verhältnis, dessen die geschilderte Witztechnik sich bedient, umgekehrt wird: Das immer schon Bekannte erweist sich als etwas Neues. Zwar betont Freud in den unterschiedlichsten Zusammenhängen die »Vorläufigkeit« der psychoanalytischen Erkentnisse und weckt somit die Hoffnung auf eine fortschreitende Erweiterung des psychoanalytische Wissens. Doch neben dieser manifesten Konzession an das naturwissenschaftliche Erkenntnismodell bleibt das psychoanalytische Erkennen auf eine spezifische Art an den Weg einer »Rückkehr« gebunden, freilich einer *gehemmten* und auf *Umwegen* sich vollziehenden Rückkehr. Bereits in der ›Traumdeutung‹ heißt es: »Um eine zweckmäßigere Verwendung der psychischen Kraft zu erreichen, wird es notwendig, die volle Regression aufzuhalten ... All die komplizierte Denktätigkeit aber ... stellt doch nur einen durch die Erfahrung notwendig gewordenen *Umweg zur Wunscherfüllung* dar. Das Denken ist doch nichts anderes als der Ersatz des halluzinatorischen Wunsches, und wenn der Traum eine Wunscherfüllung ist, so wird das eben selbstverständlich, da nichts anderes als ein Wunsch unseren seelischen Apparat zur Arbeit anzutreiben vermag.« (II/III, 572) Nur ein Wunsch kann unser

Ich bin nicht immer Psychotherapeut gewesen, sondern bin bei Lokaldiagnosen und Elektroprognostik erzogen worden wie andere Neuropathologen, und es berührt mich selbst noch eigentümlich, daß die Krankengeschichten, die ich schreibe, wie Novellen zu lesen sind, und daß sie sozusagen des ernsten Gepräges der Wissenschaftlichkeit entbehren. Ich muß mich damit trösten, daß für dieses Ergebnis die Natur des Gegenstandes offenbar eher verantwortlich zu machen ist als meine Vorliebe; Lokaldiagnostik und elektrische Reaktionen kommen bei dem Studium der Hy-

Denken antreiben; aber nur der »Umweg zur Wunscherfüllung«, die Hemmung des Wunsches, vermag Erkenntnis zu produzieren. Vorläufigkeit und Rückläufigkeit sind so auf eine besondere Weise ineinander verflochten, die es unmöglich macht, Wahn und Wissen, Magie und Wissenschaft, Literatur, Philosophie und Psychoanalyse *prinzipiell* voneinander zu unterscheiden: strukturell und in ihrer Abhängigkeit vom Wunsch sind sie einander analog, ihr Unterschied beruht allein auf der Funktion und dem Grad der Hemmung.

Es ist die Denkfigur der *Rückkehr* zu einem früheren, nichtgewußten Wissen (um es mit einem Paradoxon zu bezeichnen, das auch Freud für die Umschreibung des Unbewußten benutzt) oder aber zu einem nicht geglaubten, nicht ausgeschöpften, unverstandenen, vergessenen Wissen, die immer wieder bei Freud im Zusammenhang mit der Eigenart der Erkenntnisform seiner Theorie, der Psychoanalyse, auftaucht. So wie der verborgene Sinn des Traumes, das nicht gewußte Wissen des Träumers – der »doch weiß, was sein Traum bedeutet, *nur weiß er nicht, daß er es weiß, und glaubt darum, daß er es nicht weiß*« (XI, 98) – sich erst nachträglich in der Deutung enthüllt, so scheint auch das Schicksal von Theorien und ihres Sinns ein solches »zweizeitiges« zu sein: »Sorgfältige psychologische Untersuchung« wissenschaftlicher Originalität »deckt verborgene, längst vergessene Quellen auf, aus denen die Anregung der anscheinend originellen Ideen erflossen ist, und setzt an Stelle der vermeintlichen Neuschöpfung eine Wiederbelebung des Vergessenen in der Anwendung auf einen neuen Stoff.« (XIII, 357f.)

Auch die psychoanalytische Erkenntnis ist darum im strengen Sinne des Wortes eine »entstellte« Wahrheit, die unabhängig von Deutung nicht zu erlangen ist – eine Wahrheit, die man nicht festhalten und nicht schwarz auf weiß nach Hause tragen, sondern nur immer wieder neu gewinnen kann.

sterie eben nicht zur Geltung, während eine eingehende Darstellung der seelischen Vorgänge, wie man sie vom Dichter zu erhalten gewohnt ist, mir gestattet, bei Anwendung einiger weniger psychologischer Formeln doch eine Art von Einsicht in den Hergang einer Hysterie zu gewinnen.

›Studien über Hysterie‹ (I, 227)

Krieg, Krebs, Emigration, Tod

Während des Ersten Weltkrieges sind alle drei Söhne Freuds zur Armee eingezogen, der älteste, Martin, wird sogar verwundet und gerät schließlich in Gefangenschaft. Mehrere Monate lang haben die Freuds keine Nachricht von ihm. Während vier Jahren mußte Freud mit dem Tod seiner Söhne rechnen; in gegen sich selbst schonungsloser Offenheit analysiert er sogar die aus dem Neid geborenen unbewußten Todes-

73 Freud mit seinen Söhnen Ernst und Martin, 1916

Der Krieg streift uns die späteren Kulturauflagerungen ab und läßt den Urmenschen in uns wieder zum Vorschein kommen. Er zwingt uns wieder, Helden zu sein, die an den eigenen Tod nicht glauben können; er bezeichnet uns die Fremden als Feinde, deren Tod man herbeiführen und herbeiwünschen soll; er rät uns, uns über den Tod geliebter Personen hinwegzusetzen.

›Zeitgemäßes über Krieg und Tod‹ (X, 354)

wünsche der älteren gegenüber der jüngeren Generation. Doch es ist schließlich nicht der Tod eines der Söhne, sondern der seiner Tochter Sophie, den er erdulden muß.

Freuds zweitälteste Tochter Sophie hat im Januar 1913 den Fotografen Max Halberstadt geheiratet und lebt seither in Hamburg. Sie ist das zweite seiner Kinder, welches heiratete (Mathilde, die Älteste, ehelichte 1909 Robert Hollitscher). Sophies Verlobung hatte Freud, wie er seinem zukünftigen Schwiegersohn gesteht, vollkommen unvorbereitet getroffen: »Meine kleine Sophie, die wir für einige Wochen nach Hamburg beurlaubt hatten, kam also vor zwei Tagen heiter, strahlend und entschlossen zurück und machte uns die überraschende Mitteilung, sie habe sich dort mit Ihnen verlobt.« (7. Juli 1912) Und er fügt sich ziemlich widerstandslos in sein Schicksal als bereits von der zweiten Tochter ›verlassener‹ Vater: »Da wir nie etwas anderes gewünscht hatten, als daß sich unsere Töchter nach freier Neigung vergeben, wie es unsere älteste auch getan hat, so müssen wir mit diesem Ereignis im Grunde sehr zufrieden sein. Aber wir sind doch Eltern, mit allen Einbildungen dieses Stands belastet, fühlen uns verpflichtet, unsere Wichtigkeit zu behaupten, und darum wollen wir den energischen jungen Mann, dessen Entschlossenheit auf unser Kind übergegriffen hat, auch selbst ins Auge fassen, ehe wir gerührt ja und amen sagen.« (Bei

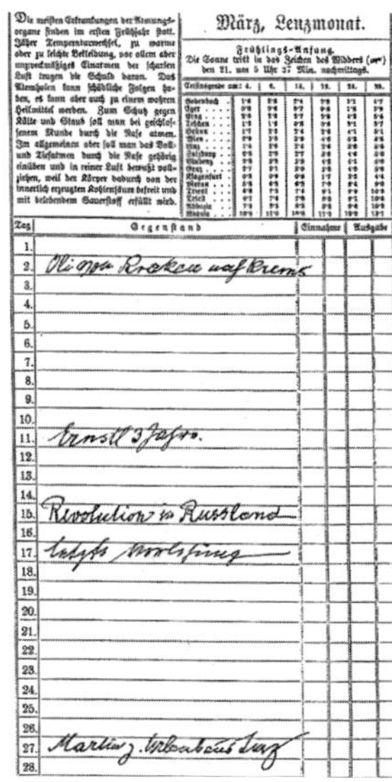
März, Lenzmonat.

Die meisten Erkrankungen der Atmungsorgane finden im ersten Frühjahr statt. Jäher Temperaturwechsel, zu warme oder zu leichte Bekleidung, vor allem aber unzweckmäßiges Einatmen der scharfen Luft tragen die Schuld daran. Das Atemholen kann schädliche Folgen haben, es kann aber auch zu einem wahren Heilmittel werden. Zum Schutz gegen Kälte und Staub soll man bei geschlossenem Munde durch die Nase atmen. Im allgemeinen aber soll man das Voll- und Tiefatmen durch die Nase gehörig einüben und in reiner Luft bewußt vollziehen, weil der Körper dadurch von der innerlich erzeugten Kohlensäure befreit und mit belebendem Sauerstoff erfüllt wird.

Frühlings-Anfang.
Die Sonne tritt in das Zeichen des Widders (♈) den 21. um 5 Uhr 27 Min. nachmittags.

Tag	Gegenstand	Einnahme	Ausgabe
15.	Revolution in Russland		
17.	letzte Vorlesung		

74 Kalendereinträge für den Monat März des Jahres 1917. Der Eintrag für den 15. des Monats lautet lapidar: »Revolution in Russland«

seiner jüngsten Tochter Anna reagierte er wesentlich eifersüchtiger, als sein britischer Schüler Ernest Jones ernsthaft um sie warb. Er riet Anna davon ab, sich in jungen Jahren an einen so wesentlich älteren Mann zu binden.) Sophie Freuds Ehe mit Max Halberstadt dauert fast auf den Tag genau sieben Jahre: am 23. Januar 1920 stirbt sie im Alter von 26 Jahren an einer schweren Grippe. Sie hinterläßt zwei Söhne: den damals erst knapp ein Jahr alten Heinz Rudolf (»Heinele«) und den sechsjährigen Wolfgang Ernst.

Die Nachricht vom Tod seiner Tochter trifft Freud nur wenige Tage nach dem Tod eines engen Freundes und Förderers der Psychoanalyse, Anton von Freund. So kurz nach dem Krieg sind die Möglichkeiten, nach Hamburg zu fahren, äußerst eingeschränkt. »Wir konnten nicht«, schreibt Freud an Pfister (27. Januar 1920), »wie wir wollten, sofort nach der ersten alarmierenden Nachricht reisen, es ging kein Zug ... Die unverhüllte Brutalität der Zeit drückt auf uns. Morgen wird sie eingeäschert, unser armes Sonntagskind!«

Sophies älterer Sohn Ernst steht auf unglückliche Weise im Schatten seines jüngeren Bruders. Als Anna Freud ihrem Vater eineinhalb Jahre nach dem Tod ihrer Schwester vorschlägt, Ernst für einige Monate in der Berggasse

75 Freud mit seiner Tochter Sophie (1893–1920), ca. 1920

Mein lieber Ernst! Es berührt mich so merkwürdig zu denken, daß Du nun 13 Jahre alt bist – kein Kind mehr, sondern ein kleiner Mann mit allen Rechten und Pflichten, die sich an diesen neuen Zustand knüpfen. Zu Weihnachten in Berlin hast Du mir sehr gut gefallen, viel mehr als seinerzeit in Lavarone, und ich habe mir gewünscht, Dich noch erwachsen zu sehen. Es hat mir leid getan zu hören, daß die Schule Dir jetzt Schwierigkeiten macht. Wie ist es jetzt damit? Papa wird gewiß bald darüber schreiben. Die Beilage ist mein Geburtstagsgeschenk ...

An seinen Enkel Ernst, 9. März 1927 (SFC)

76 Freud mit seinen Enkeln Heinz und Ernst

aufzunehmen, um dem Jungen über den Tod seiner Mutter hinwegzuhelfen und um darüber hinaus dessen überforderten Vater Max Halberstadt zu entlasten, erwähnt sie, daß sie »weiß, daß Du für Ernstl nicht so viel Sympathie hast wie z. B. für Heinzl«. Sie ist überzeugt, daß »man ihn erst bei intimerer Bekanntschaft richtig schätzen lernt. Im Grunde ist er ein armer Kerl, der viel entbehrt und dem man vielleicht für später ein bißchen helfen könnte«. Freud lehnt diesen Vorschlag gleich mit drei Argumenten ab, daß man erstens Heinele nicht seines Bruders berauben solle, daß zweitens der Aufenthalt in der Berggasse zusammen mit drei alten Leuten und nur Anna als Gegengewicht kein Vergnügen für Ernst sein könne und daß drittens und vor allem seiner Frau die Belastung durch ein siebenjähriges Kind nicht mehr aufgebürdet werden könne. Schließlich bleibt Ernst bei seinem Vater, und Heinele wird von seiner Tante Mathilde und ihrem Mann Robert Hollitscher aufgenommen.

Auch der nächste Schicksalsschlag, der Freud trifft, ist ein doppelter. Im Februar 1923 entdeckt Freud an seinem Gaumen eine Geschwulst, die er im April desselben Jahres in der Klinik des Chirurgen Hajek entfernen läßt. Bei diesem Eingriff, den Freud ambulant vornehmen lassen wollte, wäre er wegen einer

Er war auch ein entzückender Kerl, und ich selbst wußte, daß ich kaum je einen Menschen, gewiß nie ein Kind so lieb gehabt wie ihn. Leider war er sehr schwächlich, eigentlich nie fieberfrei ... Dieses Heinele ist uns jetzt vor vierzehn Tagen neuerdings erkrankt ... die Doktoren sagen, es mag noch eine Woche dauern, vielleicht länger ... Diesen Verlust vertrage ich so schlecht, ich glaube, ich habe nie etwas Schwereres erlebt, vielleicht wirkt die Erschütterung durch meine eigene Erkrankung mit. Ich mache meine Arbeit notgedrungen, im Grunde ist mir alles entwertet. *An Kata und Lajos Levy, 11. Juni 1923*

unkontrollierten postoperativen Blutung der Wunde fast gestorben. Eine Untersuchung des entfernten Gewebes bestätigt den Verdacht auf Krebs. Diese Operation ist die erste von mehr als 30 weiteren, die Freud in den nächsten 16 Jahren über sich ergehen lassen muß. Nur zwei Monate später, am 19. Juni, stirbt der Lieblinksenkel Heinele. Dieser Tod ist ein Verlust, den Freud nicht mehr verwinden kann. Drei Jahre später (15. Oktober 1926) schreibt er dem Schweizer Psychiater Ludwig Binswanger über Heinele: »Mir stand es für alle Kinder und anderen Enkel, und seither, seit Heineles Tod mag ich die Enkel nicht mehr, aber freue mich auch nicht am Leben. Es ist das Geheimnis der Indifferenz – Tapferkeit hat man es genannt – bei meiner eigenen Lebensgefahr«.

Der Erste Weltkrieg, in dem er zunächst patriotische Gefühle für die Mittelmächte Deutschland und Österreich entwickelt hatte, brachte für Freud vielerlei Einschränkungen mit sich. Nicht zuletzt blieben die Patienten aus, insbesondere die in Devisen zahlenden ausländischen Analysanden. Die darniederliegende Praxis hat jedoch einen willkommenen Nebeneffekt: Freud hat viel Zeit zum Schreiben. So sind die Jahre zwischen 1914 und 1918 für Freud eine ausgesprochen produktive Zeit. Es entstehen u.a. die Arbeiten ›Zur Einführung des Narzißmus‹, ›Zur Geschichte der psychoanalytischen Bewegung‹ und ›Erinnern, Wiederholen, Durcharbeiten‹ (1914), ›Bemerkungen über die Übertragungsliebe‹, ›Zeitgemäßes über Krieg und Tod‹, ›Triebe und Triebschicksale‹, ›Das Unbewußte« (1915); die ›Vorlesungen zur Einführung in die Psychoanalyse‹ und ›Trauer und Melancholie‹ (1916–17) sowie die berühmte Fallgeschichte vom ›Wolfsmann‹, ›Aus der Geschichte einer infantilen Neurose‹ (1918). Die Einführungsvorlesungen, die Freud in den Wintersemestern 1915/1916 und 1916 / 1917 für Hörer aller Fakultäten hält, werden in drei Teilen 1916 und 1917 publiziert, vielfach übersetzt und neu aufgelegt.

Der innere Vorgang ist der gewesen: Der Aufschwung der Begeisterung in Österreich hat mich zunächst mit fortgerissen. Anstelle des Wohlstandes und der internationalen Praxis, die nun für lange Zeit abgetan sind, hoffte ich ein lebensfähiges Vaterland zu bekommen, aus dem der Sturm des Krieges die ärgsten Miasmen weggeweht hätte und in dem die Kinder vertrauensvoll leben könnten. Ich habe wie viele andere plötzlich Libido für A[ustria]-U.[Ungarn] mobilisiert ... Allmählich stellte sich ein Unbehagen ein ...

An Ferenczi, 23. August 1914

Freud hatte, bei aller Sorge um das Leben seiner Familienangehörigen und den finanziellen Unterhalt der Familie, die mörderische Barbarei des Ersten Weltkrieges geradezu distanziert betrachten und analysieren können. Nun, mit einer Verspätung von einigen Jahren, treffen ihn Tod, Verlust und Trauer, die Themen, die er in den Weltkriegsjahren verstärkt behandelt hatte, mit erbarmungsloser Härte am eigenen Leib. »An jede der einzelnen Erinnerungen und Erwartungssituationen, welche die Libido an das verlorene Objekt geknüpft zeigen, bringt die Realität ihr Verdikt heran, daß das Objekt nicht mehr existiere, und das Ich, gleichsam vor die Frage gestellt, ob es dieses Schicksal teilen will, läßt sich durch die Summe der narzißtischen Befriedigungen, am Leben zu sein, bestimmen, seine Bindung an das vernichtete Objekt zu lösen«, hatte Freud in ›Trauer und Melancholie‹ geschrieben. Freud nennt diesen Vorgang »Trauerarbeit«: dort, wo diese gelinge, löse sich mit den Bindungen an das Objekt auch der Affekt der Trauer selbst auf. An seinem eigenen Fall indessen erkennt er, daß dieser ideale Ablösungsprozeß allenfalls ein Privileg der Jugend ist, für die das Leben noch Versprechungen bereithält. Aber letztlich bleibt stets ein Rest, den auch die Trauerarbeit nicht beseitigen kann. »Man weiß, daß die akute Trauer nach einem solchen Verlust ablaufen wird«, schreibt Freud am 12. April 1929 an Binswanger, dem er zum Tod von dessen zwanzigjährigem Sohn Robert konduliert, »aber man wird ungetröstet bleiben, nie einen Ersatz finden. Alles, was an die Stelle rückt, und wenn es sie auch ganz ausfüllen sollte, bleibt es doch etwas anderes. Und eigentlich ist es recht so. Es ist die einzige Art, die Liebe fortzusetzen, die man ja nicht aufgeben will.«

Freuds Gaumengeschwulst kehrt nach der ersten Operation wieder. Nun wendet er sich an einen anderen Chirurgen, der ihm vertrauenswürdiger als Hajek erscheint, Professor Hans

Freud über den Begriff der Trauer: Dem Psychologen aber ist die Trauer ein großes Rätsel, eines jener Phänomene, die man selbst nicht klärt, auf die man aber anderes Dunkle zurückführt. Wir stellen uns vor, daß wir ein gewisses Maß von Liebesfähigkeit, genannt Libido, besitzen, welches sich in den Anfängen der Entwicklung dem eigenen Ich zugewendet hatte. Später, aber eigentlich von sehr frühe an, wendet es sich vom Ich ab und den Objekten zu, die wir solcher Art gewissermaßen in unser Ich hineinnehmen. Werden die Objekte zerstört oder gehen sie uns verloren, so wird unsere Liebesfähigkeit

Pichler. Bis jetzt hatte man Freud über die Bösartigkeit des Tumors im unklaren gelassen, doch die Notwendigkeit mehrerer weiterer chirurgischer Eingriffe, bei denen unter anderem ein Teil des Oberkiefers und Gaumens entfernt werden muß, macht eine Fortsetzung der gutgemeinten Täuschung unmöglich. Freud reagiert sehr ärgerlich auf die Tatsache, daß man ihn, wenn auch aus lauteren Motiven, belogen hatte. Da sein Mund wegen der Operation nicht mehr vollständig gegen die Nasenhöhle verschlossen ist, muß Freud eine Prothese tragen, die nicht nur das Gebiß, sondern auch die fehlenden Teile des Kiefers und Gaumens ersetzt. Diese Prothese verursacht ihm große Beschwerden; er nennt sie nur »das Ungeheuer«.

In den letzten zehn Jahren seines Lebens führt Freud ein äußerst lakonisches Tagebuch, mit Einträgen, die außer dem Datum nur wenige Stichworte, oft genug nur ein einziges, umfassen. Diese von ihm selbst so betitelte ›Kürzeste Chronik‹ beginnt am 31. Oktober 1929 mit der Bemerkung »im Nobelpreis übergangen«. 1917 erfuhr Freud, daß er für den Nobelpreis vorgeschlagen worden war, ausgerechnet von dem Wiener Medizinprofessor Robert Bárány, dem Nobelpreisträ-

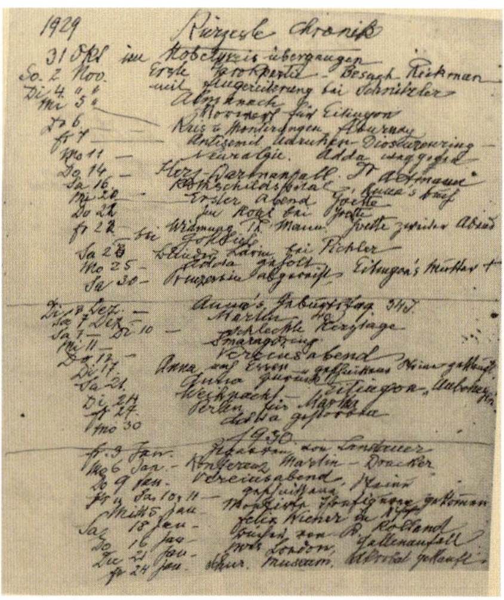
1929 Kürzeste Chronik
31 Okt. im Nobelpreis übergangen

77 Die ›Kürzeste Chronik‹. Sie beginnt im Jahr 1929.

(Libido) wieder frei. Sie kann sich andere Objekte zum Ersatz nehmen oder zeitweise zum Ich zurückkehren. Warum aber diese Ablösung der Libido von ihren Objekten ein so schmerzhafter Vorgang sein sollte, das verstehen wir nicht und können es derzeit aus keiner Annahme ableiten. Wir sehen nur, daß sich die Libido an ihre Objekte klammert und die verlorenen auch dann nicht aufgeben will, wenn der Ersatz bereit liegt. Das also ist die Trauer.

›Über Vergänglichkeit‹ (X, 360)

ger für Medizin von 1914, »den ich seinerzeit als Schüler abwies, weil er mir zu abnorm und unsympathisch erschien« (31. Oktober 1915 an Ferenczi). Freud, der behauptete, »es läge mir nur am Preisgeld und vielleicht an der Rache, die sich aus dem Ärger einiger Kompatrioten ergeben würde«, wird noch mehrfach vorgeschlagen, bekommt den Preis jedoch nie. Im Juli 1930 erhält er allerdings den erst 1927 gestifteten und mit 10 000 Reichsmark dotierten Goethepreis der Stadt Frankfurt. Einerseits ist Freud sehr geschmeichelt, die »Phantasie einer näheren Beziehung zu Goethe ist allzu verlockend«, andererseits scheint ihm »der Preis ... eher eine Verbeugung vor der Person als eine Beurteilung ihrer Leistung« (am 21. August 1927 an Arnold Zweig). So groß seine Freude über die unerwartete Ehrung ist, er scheint auch diesmal den Verdacht nicht ganz loszuwerden, hinter der Auszeichnung der Person könne sich ein Widerstand gegen die Erkenntnisse der Psychoanalyse verbergen. Obwohl Freud selbst einmal bemerkte, daß »die Krankengeschichten, die ich schreibe, wie Novellen zu lesen sind und daß sie sozusagen des ernsten Gepräges der Wissenschaftlichkeit entbehren« (I, 227), hat er sich vehement gegen jede Würdigung ausgesprochen, die den Schriftsteller gegen den Wissenschaftler

78 ›Ödipus und die Sphinx‹. Schmuckblatt der Urkunde für den Ehrentitel »Bürger der Stadt Wien« von Max Pollak

Wir leben hier sehr schön. Meine Mutter ist vorgestern 95 Jahre alt geworden. Ich bin erstaunt, wie alt ich selbst schon bin. Nicht weniger überrascht, daß ich den Goethepreis der Stadt Frankfurt bekommen habe. Unser alter Nestroy, der Wiener Aristophanes, hat gesagt: »A jed's wird amal Hofrat, nur erlebt er's nit immer.«

An Oskar Pfister, 20. August 1930

Freud ausspielt: Havelock Ellis zum Beispiel – so schreibt Freud 1920 in einem kleinen Aufsatz ›Zur Vorgeschichte der analytischen Technik‹ – habe nachzuweisen versucht, »daß das Werk des Schöpfers der Analyse nicht als ein Stück wissenschaftlicher Arbeit, sondern als eine künstlerische Leistung gewertet werden sollte. Es liegt uns nahe, in dieser Auffassung eine neue Wendung des Widerstandes und eine Ablehnung der Analyse zu sehen, wenngleich sie in liebenswürdiger, ja in allzu schmeichelhafter Weise verkleidet ist. Wir sind geneigt, ihr aufs entschiedenste zu widersprechen.« (XII, 309) Wenn Freud auch zugesteht, daß sich die Erkenntnisse der Psychoanalyse wie eine Novelle lesen lassen, so verwehrt er sich dagegen, daß seine Forschung als Literatur rezipiert wird.

Am 12. September 1929 stirbt Freuds Mutter Amalia im hohen Alter von 95 Jahren. Wegen des Sabbatbeginns wird sie erst am darauffolgenden Sonntag, dem 14. September, auf dem jüdischen Friedhof in Wien beerdigt. Freud nimmt nicht am Begräbnis teil; statt seiner geht Anna auf den Friedhof. An Sándor Ferenczi schreibt er am 16. September: »Es hat merkwürdig auf mich gewirkt, dies große Ereignis. Kein Schmerz, keine Trauer, was sich wahrscheinlich aus den Nebenumständen, dem hohen Alter, dem Mitleid mit ihrer Hilflosigkeit am Ende, erklärt, dabei ein Gefühl der Befreiung, der Losgesprochenheit, das ich auch zu verstehen glaube. Ich durfte ja nicht sterben, solange sie am Leben war, und jetzt darf ich. Irgendwie werden sich in tieferen Schichten die Lebenswerte merklich geändert haben«.

Die politischen Ereignisse von 1933 in Deutschland finden mehrfach in der ›Kürzesten Chronik‹ ihren Niederschlag.

79 Freud und seine Mutter Amalia

»Hitler Reichskanzler« notiert Freud am 29. Januar und am 28. Februar »Parlament Berlin in Brand«. Unmittelbar nach dem Reichstagsbrand setzt in Deutschland die erste Verfolgungswelle der Nazis gegen ihre politischen Feinde ein. Noch glaubt sich Freud in Österreich aber verhältnismäßig sicher.

Auch die Verbrennung seiner Bücher am 10. Mai in Berlin – »gegen die seelenzerfasernde Überschätzung des Trieblebens, für den Adel des menschlichen Geistes« – nimmt Freud mit ironischer Distanz hin. Er soll dazu lediglich sarkastisch bemerkt haben: »Was wir für Fortschritte machen! Im Mittelalter hätten sie mich verbrannt, heutzutage begnügen sie sich damit, meine Bücher zu verbrennen.« Ab 1934 wird ein Einmarsch Nazideutschlands in Österreich immer wahrscheinlicher; aber immer noch weigert sich Freud, Österreich zu verlassen. Nach der Ermordung von Bundeskanzler Dollfuß, an dessen Begräbnis Freuds ältester Sohn Martin in der Uniform eines österreichischen Reserveoffiziers teilnimmt, hofft Freud immer noch, daß Dollfuß' Nachfolger Schuschnigg eine Invasion Deutschlands verhindern kann. Eine Intervention Mussolinis zugunsten der Selbständigkeit Österreichs bestärkt ihn in dieser Hoffnung, auch wenn er Mussolinis Motiven nicht traut.

Die Einträge von 1936 in der ›Kürzesten Chronik‹ verzeichnen drei runde Jahrestage: am 12. April »50 J. Praxis«, am 6. Mai »80st Geburtstag« und am 14. September »50jährige Ehe«. Freuds Eintrag bezieht sich übrigens nicht auf das Datum der Ziviltrauung, die am 13. September 1886 stattgefunden hatte, sondern auf die rituelle jüdische Vermählung einen Tag später, die Freud seinerzeit nur widerwillig über sich hatte ergehen lassen. Es scheint, als wolle er gerade angesichts der Bedrohung durch die Nazis sein Judentum besonders betonen.

»Finis Austriae« notiert Freud am 12. März 1938, am darauffolgenden Tag »Anschluss an Deutschland« und am 14. März:

Wir halten an zwei Punkten fest, am Entschluß, uns nicht wegzurühren und an der Erwartung, daß es bei uns nicht entfernt so werden kann wie in D. Wir sind auf dem Weg zu einer Diktatur der Rechtsparteien, die sich mit den Nazis verbünden werden. Alles eher als schön, aber Ausnahmegesetze gegen eine Minorität sind bestens durch den Friedensvertrag ausdrücklich verboten, den Anschluß an Deutschl. werden die Siegerstaaten nie zulassen, und unser Pöbel ist ein Stück weniger brutal als der stammesverwandte Deutsche.

An die holländische Analytikerin Jeanne Lampl-de Groot, 8. April 1933

»Hitler in Wien«. Bereits am nächsten Tag werden die Räume des Psychoanalytischen Verlags sowie die Wohnung an der Berggasse von der SA durchsucht. Als die Nazis 6000 Schillinge aus seiner Kasse beschlagnahmen, äußert er sarkastisch: »Ich habe nie soviel für einen Besuch davon getragen.« (An A. Roback, 9. Februar 1939, SFC) »Anna bei Gestapo« heißt es am 22. März 1938 lapidar der ›Kürzesten Chronik‹. An diesem Dienstag im März erscheint die Gestapo in der Wiener Wohnung Freuds in der Berggasse 19 zu einer Haussuchung und nimmt Anna Freud zu einem Verhör mit. Lange Zeit hatte Freud sich geweigert, Wien zu verlassen, doch dieses Ereignis gibt den Ausschlag für seine Entscheidung, dem Vorschlag von Ernest Jones zu folgen und ins Exil nach London zu gehen. Nach vielen Schikanen durch die Nazis erhält Freud schließlich die Ausreisegenehmigung. Mit ihm können seine Frau Martha und seine Kinder ausreisen, außerdem zwei seiner Hausangestellten. Die eine verläßt London wieder nach einem halben Jahr, um zurück nach Österreich zu gehen. Die andere, Paula Fichtl, bleibt in London. Freuds vier Schwestern: Rosa Graf, Dolfi Freud, Paula Winternitz und Marie Freud müssen in Wien zurückgelassen werden. Die Bemühungen der Prinzessin Marie Bonaparte um eine Aufenthaltserlaubnis für die alten Frauen in Frankreich schlagen fehl. Dolfi, Paula und Marie werden 1942 nach Theresienstadt deportiert. Dolfi Freud stirbt dort an Unterernährung, die beiden anderen Schwestern werden weiter in das Vernichtungslager Maly Trostinec in der Nähe von Minsk verschleppt und ermordert. Rosa Graf wird zu Beginn des Frühjahrs 1943 nach Treblinka depotiert und vergast. Ein Überlebender Treblinkas, Samuel Rajzman, sagt 1946 als Zeuge vor dem Nürnberger Militärsgerichtshof über die Ankunft Rosa Grafs in Treblinka aus: »Das war so: Der Zug kam aus Wien an. Ich stand damals auf dem Bahnsteig, als die Leute aus den

Juli 1936: Bundeskanzler Kurt von Schuschnigg schließt ein Abkommen mit Hitler, das Aktivitäten der illegalen österreichischen Nazipartei duldet und Arthur Seyß-Inquart, einen ihrer Sympathisanten, ins Kabinett hievt.
Februar 1938: Seyß-Inquart wird auf Hitlers Druck hin neuer Sicherheits- und Innenminister. Schnuschnigg setzt für den 13. März eine Volksabstimmung fest, um die geplante Annexion zu stoppen. Als sich abzeichnet, daß Europa die Nazis gewähren lassen wird, zwingt Hitler Schuschnigg zur Absage der Volksabstimmung und zum Rücktritt. Am 11. März dankt er zugunsten Sayß-Inquarts ab – der »Anschluß« Österreichs wird vollzogen.

Waggons geführt wurden. Eine ältere Frau trat auf Kurt Franz zu, zog einen Ausweis hervor und sagte, daß sie die Schwester von Sigmund Freud sei. Sie bat, man solle sie zu einer leichten Büroarbeit verwenden. Franz sah sich den Ausweis gründlich an und sagte, es sei wahrscheinlich ein Irrtum, führte sie zum Fahrplan und sagte, daß in zwei Stunden ein Zug nach Wien zurück gehe. Sie könne alle ihre Wertgegenstände und Dokumente hierlasssen, ins Badehaus gehen, und nach dem Bad würden ihre Dokumente und ihr Fahrschein für sie nach Wien zur Verfügung stehen. Natürlich ist die Frau ins Badehaus gegangen, von wo sie niemals mehr zurückkehrte.«

Sigmund und Martha Freud und ihre Tochter Anna verlassen am 3. Juni 1938 mit dem Zug Wien und reisen über Paris nach London. Im August treffen die Möbel, Freuds vollständige Antiquitätensammlung und der größte Teil der Bibliothek aus der Wiener Wohnung in London ein.

Nach einem Zwischenaufenthalt in dem für kurze Zeit gemieteten Haus Nr. 39 an der Ellsworthy Road ziehen das Ehepaar Freud und Anna Freud mit der Haushälterin Paula Fichtl in das Haus Nr. 20, Maresfield Gardens, ein, das Freud für 6500 Pfund gekauft hat. Mehr als die Hälfte dieser Summe muß er als Hypothek aufnehmen. Kurz vor dem Umzug in das neue Haus, in das sein Sohn Ernst einen Fahrstuhl für den geschwächten kranken Vater hatte einbauen lassen, muß Freud sich wieder einer Operation unterziehen, um neue Krebswucherungen aus dem Mund entfernen zu lassen. Von der schweren Operation am 8. September 1938 erholt er sich erstaunlich gut. Nur knapp drei Wochen später bezieht er seine Räume in Maresfield Gar-

Lieber Herr Doktor
Herzlichen Denk für die schönen Worte, die Sie während meines kurzen Aufenthalts in Paris an mich gerichtet haben. Alles ist richtig, was Sie sagen, aber vielleicht heben Sie den einen Punkt ausgelassen, den der Emigrant so besonders schmerzlich empfindet. Es ist – man kann nur sagen: der Verlust der Sprache, in der man gelebt und gedacht hat und die man bei aller Mühe zur Einfühlung durch eine andere nie wird ersetzen können. Mit schmerzlichem Verständnis beobachte ich, wie sich mir sonst vertraute Mittel des Ausdrucks im Englischen versagen, und wie Es sich sogar sträuben will, die gewohnte gothische Schrift aufzugeben. Und dabei hat man so oft gehört dass man kein Deutscher ist. Und dazu ist man selbst ja froh, dass man ein Deutscher nicht mehr zu sein braucht.

Am 11. Juni 1938 an den Schweizer PsychoanalytikerRaymond de Saussure

80 Das Londoner Haus in Maresfield Gardens

dens, die inzwischen nach dem Vorbild der Wiener Wohnung eingerichtet worden sind. Freuds Behandlungszimmer und Bibliothek ist ein langgestreckter Raum, aufgeteilt durch zwei schmale Zwischenwände von nicht einmal einem Meter Breite. Vom vorderen Teil des Zimmers blickt man durch zwei hohe Fenster auf den Vorgarten hinaus, vom anderen Teil aus gelangt man durch Glastüren hinaus auf die Terrasse und den dahinter liegenden Garten, dessen Rasenfläche von Sträuchern umsäumt ist. Noch bis drei Monate vor seinem Tod analysiert er hier einige Stunden am Tag Patienten.

Im März 1939 wird Freud Mitglied und Ehrenpräsident des Londoner »Austrian Centers«, einer Vereinigung von österreichischen Emigranten. Eine Aktennotiz der Gestapo vom 31.

Über einen Besuch bei seinem Bruder Emanuel in Manchester schrieb Freud 1875 an seinen Schulfreund Eduard Silberstein: »... ich darf grade heraussagen, daß ich dort lieber wohnen würde als hier, trotz Nebel und Regen, Trunkenheit und Konservativismus. Viele Eigentümlichkeiten des englischen Charakters und des Landes, die andern Kontinentalen unerträglich sein würden, stimmen mit meiner Natur sehr gut zusammen.«

März 1939 enthält eine teilweise Abschrift eines Zeitungsartikels der ›Pariser Tageszeitung‹, die über die Eröffnung des österreichischen Kulturzentrums berichtet: »Das Haus in Westbourne Terrace wurde von einer Grundstücksgesellschaft zur Verfügung gestellt; das gesamte Inventar ... aus Spenden zusammengetragen. Alle Arbeiten im Hause wurden von Österreichern in der Emigration ausgeführt ... Doktoren rieben den Boden und wuschen die Wände, und Physiker mußten ihr praktisches Wissen erproben und Lichtleitungen legen. Die Wände wurden von drei österreichischen Künstlerinnen ... mit Szenen aus dem österreichischen Leben dekoriert. Der Stephansdom, der Heurige, der Prater, Salzburg, der Großglockner wurden an den Wänden wieder lebendig ... Neben einem Leseraum, Vortragssaal, Musikraum und Speiseraum sind zwei Zimmer als Notquartier eingerichtet für unerwartet eintreffende Flüchtlinge oder postenlose, im Haushalt tätige Mädchen. Die Hauptattraktion ist ein Kaffehaus, das – von einem bekannten Wiener Cafétier geleitet – am Eröffnungstage mit allen Wiener Spezialitäten, Gugelhupf und Linzertorte aufwartete.«

81 Salvador Dalí, ›Bildnis Sigmund Freuds‹, 1938

Auch in London empfängt Freud zahlreiche Besucher. Unter anderen Stefan Zweig, der Freud den jungen spanischen Maler

Freud fragte mich, ob ich von einem Mann namens Dalí gehört habe. Als ich dies bejahte, erzählte er mir, daß Stefan Zweig Dalí am Vortag zu einem Besuch mitgebracht hatte und daß Dalí gesagt habe, er (Freud) »habe etwas mit diesem Surrealismus zu tun«. Ob ich ihn aufklären könne, was Dalí damit gemeint haben könnte, denn er verstünde es nicht. Ich räumte ein, daß auch ich nicht wirklich wisse, was Surrealismus sei, und verwies darauf, daß die Surrealisten vielleicht Träume und freie Assoziationen darstellen würden. Er schüttelte den Kopf: Träume seien keine Kunst, sondern Roh-

82 Sigmund Freud, Maresfield Gardens 1938 (Foto: Marcel Sternberger)

Salvador Dalí vorstellt. Dalí zeichnet bei dieser Gelegenheit eine Skizze des todkranken Freud.

Im September 1939 verschlechtert sich Freuds Gesundheitszustand rapide. Eine Fäulnisinfektion hat ein Loch in seine Wange gefressen, und der furchtbare Geruch aus der Wunde vertreibt Freuds Lieblingshündin Lün in eine entfernte Ecke des Krankenzimmers. Das letzte Buch, das Freud liest, ist Balzacs ›Chagrinleder‹. »Das war das richtige Buch für mich«, sagt er zu seinem Arzt Max Schur, »es handelt vom Einschrumpfen und Verhungern«.

Freud stirbt in der Nacht vom 22. auf den 23. September 1939. Seine Leiche wird eingeäschert, und die Asche in einer griechischen Urne aus Freuds Sammlung auf dem Londoner Friedhof Golders Green beigesetzt. Die letzten Wochen und Tage Freuds schildert seine Schwiegertochter Lucie (»Lux«), Ernst Freuds Frau:

---

material. Schließlich einigten wir uns darauf, daß Kunst – wie wir sie verstanden – Ordnung im Chaos schaffe und nicht umgekehrt, Dalí hin oder her. Natürlich sprachen wir auch über die Ereignisse in der Welt und die wachsende Bedrohung durch Hitler. Ich erinnere mich, daß er mit einem Seufzer meinte: »Und wo sind all die Tyrannenmörder?«

Willy Levi

»Papas Sterben hat eigentlich am 3. September begonnen. Ich habe Dir im letzten Brief davon berichtet. Eine Injektion von Schur hat den Tod damals vertrieben und so mußte er lebend und wissend und vor unseren Augen sterben. Mein Lieber, ich kann Dir nicht Einzelheiten berichten, es würde Dir zu weh tun. Nur das wenige Schöne will ich Dir schreiben. Er war bis zuletzt, in den wenigen Stunden, zuletzt Minuten des Tages, in denen ihn nicht Schlaf oder Schmerzen entführten, ganz er selbst. Unbeschreiblich freundlich und liebevoll zu jedem von uns, rührend geduldig im Ertragen und dankbar jedes noch so kurz Nachlassen des Elends mit leuchtenden Augen meldend. Er wollte so gern weiterleben, solange ein Schimmer der Hoffnung bestand, daß er die Krankheit überwinden könnte. Das Wunderbare an Annerls Pflege war nicht ihre Aufopferung (sie hatte sich in den letzten Wochen den Schlaf völlig abgewöhnt) und nicht die bei ihr selbstverständliche Vorbildlichkeit ihrer Leistung. Das Wunderbare ist, daß er sie nie anders als mit einem glücklichen Gesichtsausdruck gesehen hat. Immer war in dem Krankenzimmer (er hat die letzten 4 Wochen unten in seinem Zimmer in einem Bett bei offenen Türen mit dem Blick in den Garten gelegen), immer war in dem Krankenzimmer eine ruhige, heitere, geradezu gemütliche Stimmung.Vielleicht ist das Glück, das wirkllch ständig der Ausdruck in Annerls Gesicht war, die Erklärung des einen mir an ihm unbegreiflichen: daß er ohne jemals es mit einem Wort zu erwähnen, Annerls fast an Selbstzerstörung grenzende Aufopferung angenommen hat. Ich habe sie gefragt, und sie hat meine Vermuturig bestätigt, daß er ihr nie bei Tag oder bei Nacht ein Wort des Danks gesagt hat. Vielleicht war er noch immer, sogar an dieser vielleicht beispiellosen Leistung gemessen, noch immer der Gebende? Erst am Freitagmorgen, als es zum ersten Mal dringend nötig wurde, ihm Morphiun zu geben, und der Arzt uns sagte, daß er nun nie wieder zum Bewußtsein kommen werde und er, der Arzt, es auch nicht geschehen lassen dürfte, da hat Annerl zum ersten Mal geweint. Der Tod war eine Erlösung, nicht so bitter wie das Schauspiel der Auflösung, das dieser Stunde vorangegangen ist. Alle seine Kinder und Robert und ich und Dr. Schur und die Dr. Stross haben von Freitag morgen bis Samstag gegen Mitternacht bei ihm gesessen. Die Mama. und die Tante haben wir hinaufgeschickt, wie sie Freitag nacht im Stuhl sitzend eingeschlafen waren. Nur Annerl und ich haben uns nicht niedergelegt. Er hat 40 Stunden lang ruhig atmend geschlafen. Das Herz wollte immer weiter schlagen. Endlich ist es still geworden kurz vor Mitternacht.«.

Lux Freud an Felix Augenfeld , 2. Oktober 1939

In jeder Epoche muß versucht werden, die Überlieferung von neuem dem Konformismus abzugewinnen, der im Begriff steht, sie zu überwältigen.

Walter Benjamin, ›Über den Begriff der Geschichte‹

83 Die Urne

Zeittafel

1856 Am 6. Mai wird Sigismund Schlomo Freud in Freiberg in Mähren als erster Sohn von Jacob und Amalia Freud geboren. Die Söhne Emanuel und Philipp stammen aus der ersten Ehe Jacobs.

1860 Übersiedlung nach Wien

1865 Freud tritt ins Gymnasium ein.

1872 Freud verbringt seine Ferien in Freiberg.

1873 Matura. Freud verwirft den Plan, Jura zu studieren, und schreibt sich an der Universität Wien für das Fach Medizin ein.

1874 Philosophische Vorlesungen und Seminare bei Brentano

1876 Forschungen in Triest über die Geschlechtsdrüsen der Aale. Arbeit im Laboratorium von Brücke

1878 Beginn der Freundschaft mit dem vierzehn Jahre älteren Josef Breuer

1880 Einjähriger Militärdienst. Nebenher übersetzt Freud einige Essays von John Stuart Mill, u. a. den Essay zur Frauenemanzipation.

1881 Promotion zum Dr. med.

1882 Verlobung mit Martha Bernays

1883 Beginn der Tätigkeit am Wiener Allgemeinen Krankenhaus; Freud beginnt sich für die medizinische Verwendung des Kokains zu interessieren.

1885 Habilitation und Ernennung zum Privatdozenten. Studienreise nach Paris zu Jean-Martin Charcot

1886 Freud eröffnet eine Privatpraxis. Im September heiraten er und Martha

1887 Geburt der Tochter Mathilde. Beginn der Freundschaft mit Wilhelm Fließ

1889 Geburt des Sohnes Jean-Martin

1891 Geburt des Sohnes Oliver

1892 Geburt des Sohnes Ernst

1893 Geburt der Tochter Sophie

1895 Geburt der Tochter Anna

1896 Freuds Vater stirbt im Oktober

1899 Im November erscheint die ›Traumdeutung‹.

1901 Veröffentlichung der ›Psychopathologie des Alltagslebens‹

1902 Freud wird endlich Professor. Gründung der Psychologischen Mittwoch-Gesellschaft

1904 Reise nach Athen. Die Freundschaft mit Fließ zerbricht.

1905 ›Der Witz und seine Beziehung zum Unbewußten‹ und die ›Drei Abhandlungen zur Sexualtheorie‹ erscheinen, außerdem das ›Bruchstück einer Hysterie-Analyse (der Fall Dora)‹

1906 Erster Kontakt mit Carl Gustav Jung; Otto Rank wird Sekretär und Schriftführer der Mittwoch-Gesellschaft

1907 Bekanntschaft mit Karl Abraham und Max Eitingon und Ludwig Binswanger; ›Der Wahn und die Träume in W. Jensens „Gradiva"‹.

1908 Beginn der Freundschaft mit Sándor Ferenczi; ›Die „kulturelle" Sexualmoral und die moderne Nervosität‹; ›Über infantile Sexualtheorien‹; ›Charakter und Analerotik‹

1909 Freud wird eingeladen, an der Clark Universität (USA) Vorträge über Psychoanalyse zu halten; ›Analyse der Phobie eines fünfjährigen Knaben‹; ›Bemerkungen über einen Fall von Zwangsneurose‹

1910 Gründung der Internationalen Psychoanalytischen Vereinigung (IPV); ›Über Psychoanalyse‹; ›Eine Kindheitserinnerung des Leonardo da Vinci‹

1911 Psychoanalytischer Kongreß in Weimar, Trennung von Adler, Lou Andreas-Salomé stößt zum Kreis der Freudianer; ›Die zukünftigen Chancen der psychoanalytischen Therapie‹; ›Formulierungen über die zwei Prinzipien des psychischen Geschehens‹

1912 Gründung des Geheimen Komitees (Freud, Jones, Ferenczi, Abraham, Rank, Sachs und später Eitingon)

1913 Kongreß in München, Bruch mit Jung

1914 ›Zur Einführung des Narzißmus‹

1916 ›Trauer und Melancholie‹;

1916/1917 ›Vorlesungen zur Einführung in die Psychoanalyse‹; ›Eine Kindheitserinnerung aus „Dichtung und Wahrheit"‹

1918 Anna Freud beginnt ihre (sechs Jahre dauernde) Analyse bei ihrem Vater; ›Aus der Geschichte einer infantilen Neurose‹

1919 ›Wege der psychoanalytischen Therapie‹; ›„Ein Kind wird geschlagen". Beitrag zur Entstehung sexueller Perversionen‹; ›Das Unheimliche‹

1920 Anton von Freund, Freuds ehemaliger Patient und enger Freund sowie Mäzen der psychoanalytischen Bewegung, stirbt; fast zur selben Zeit Tod von Freuds Tochter Sophie; Gründung des Internationalen Psychoanalytischen Verlags; ›Jenseits des Lustprinzips‹

1921 ›Massenpsychologie und Ich-Analyse‹

1923 Freud erkrankt an Gaumenkrebs; Tod des Enkels Heinele; ›Das Ich und das Es‹; ›Eine Teufelsneurose im siebzehnten Jahrhundert‹

1924 ›Der Realitätsverlust bei Neurose und Psychose‹; ›Das ökonomische Problem des Masochismus‹; ›Der Untergang des Ödipuskomplexes‹; ›Kurzer Abriß der Psychoanalyse‹

1925 Bruch mit Rank; Josef Breuer und Karl Abraham sterben, Freundschaft mit Marie Bonaparte; ›Die Verneinung‹, ›„Selbstdarstellung"‹

1926 ›Hemmung, Symptom und Angst‹; ›Die Frage der Laienanalyse‹

1927 ›Fetischismus‹; ›Die Zukunft einer Illusion‹

1930 Freud erhält den Goethepreis der Stadt Frankfurt; Freuds Mutter stirbt; ›Das Unbehagen in der Kultur‹

1933 Briefwechsel mit Albert Einstein zum Thema ›Warum Krieg?‹

1933 Hitler wird deutscher Reichskanzler; Sándor Ferenczi stirbt. Freuds Bücher werden in Deutschland verbrannt.

1937 ›Die endliche und die unendliche Analyse‹; ›Konstruktionen in der Analyse‹

1938 »Anschluß« Österreichs an Nazideutschland, Ausreise der Familie Freud über Paris nach London.

1939 ›Der Mann Moses und die monotheistische Religion‹. In der Nacht zum 23. September stirbt Freud in seinem Haus 20, Maresfield Gardens.

Glossar

Abwehr: Gegen das Bewußtwerden unbewußter Inhalte oder Tendenzen gerichtete psychische Kraft

Abwehrmechanismen: Die besonderen Operationen der Abwehr wie: Verdrängung, Verleugnung, Verkehrung ins Gegenteil, Rationalisierung u.a.

Aggressionstrieb: Der nach außen gerichtete Todestrieb, der auf die Zerstörung eines Objekts zielt.

Agieren: Im engeren psychoanalytischen Sinne: wiederholendes Handeln anstelle einer Erinnerung

Ambivalenz: Gleichzeitige gegensätzliche Gefühle wie Liebe und Haß gegenüber ein- und demselben Objekt

Anlehnung: Bezeichnet die Tatsache, daß die Sexualtriebe beim Kind unselbständig sind und ihren Ausdruck nur in Verbindung mit den Selbstererhaltungstrieben finden können, also im Zusammenhang mit der Pflege und Ernährung durch eine erwachsene Person

Assoziation: Die spontane Verbindung, die verschiedene Einfälle zu einer Kette von Einfällen zusammenbringt

Ätiologie: Lehre von den Krankheitsursachen

Besetzung: Die Bindung psychischer Energie an einen Vorstellungsinhalt oder ein Objekt

Erinnerung (Deckerinnerung, Erinnerungsspur): Die Vergangenheit, wie sie sich einem Subjekt nachträglich darstellt. Freuds Modell des Gedächtnisses ist der eines Speichers, in dem die Erinnerungen in Form von Erinnerungsspuren (vergleichbar mit Schriftzügen auf einer Wachstafel) niedergelegt sind. Diese Spuren erfahren jedoch immer wieder »Umschriften«, d. h. eine Erinnerung ist keineswegs das getreu konservierte psychische Abbild einer vergangenen Realität. Als Deckerinnerung bezeichnet Freud eine Erinnerung, die an sich harmlos erscheint, jedoch in einem inneren Zusammenhang zu einem anderen, nicht bewußten und psychisch höchst bedeutsamen Ereignis steht.

Es: In Freuds Modell des Psychischen von 1923 (›Das Ich und das Es‹) der Bereich der Triebe und der mit ihnen verknüpften Vorstellungen

Freie Assoziation: Die spontanen Einfälle während der psychoanalytischen Therapie. Die »Grundregel« für den Analysanden lautet, diese Einfälle unzensiert auszusprechen, gleichgültig, ob sie ihm peinlich sind oder unwichtig erscheinen.

Ich: Psychische Instanz, die zwischen den Anforderungen der Realität und denen des Über-Ich sowie des Es vermittelt. Das Ich ist der Ort, in dem die psychische Abwehr lokalisiert ist.

Identifizierung: Prozeß der Angleichung an einen anderen

Kastrationskomplex: Die psychische Reaktion auf die Feststellung des Geschlechtsunterschiedes: Das Mädchen interpretiert den Penisbesitz des Knaben als Ausdruck einer eigenen Benachteiligung; der Knabe die Penislosigkeit des Mädchens als Ergebnis einer vollzogenen Kastration, die ihm auch droht, wenn er von seinen sexuellen Wünschen nicht abläßt.

Kathartische Methode: Psychotherapie durch Wiederbelebung und Abreagieren der verdrängten, symptomerzeugenden Affekte

Libido: Die psychische Energie, die den Sexualtrieben zugrunde liegt.

Lustprinzip, Realitätsprinzip: Regulationsprinzipien der Psyche: Während das Lustprinzip zunächst die Befriedigung auf kürzestem Wege sucht, wird es später vom Realitätsprinzip überlagert, welches den Anforderungen der Realität Rechnung zu tragen versucht. Es schränkt die unmittelbare Befriedigung nicht zuletzt zugunsten der Vermeidung von daraus resultierender Unlust ein.

Nachträglichkeit: Eindrücke aus einer früheren Zeit werden durch spätere Erfahrungen umgearbeitet. Sie erhalten damit einen neue psychische Bedeutung und Wirksamkeit.

Narzißmus: Eigenliebe; das Subjekt wählt sich selbst (wie einen anderen) zum Liebesobjekt.

Neurose: Psychische Erkrankung, deren Symptome u. Phobien, Zwänge usw. einen Kompromiß zwischen Abgewehrtem und Abwehr darstellen.

Objekt: Person oder Gegenstand, auf den jemand Wünsche, Liebe oder Haß richtet.

Ödipuskomplex: Die Gesamtheit der sexuellen und feindseligen Wünsche, die ein Kind auf seine Eltern richtet und die auf den alleinigen Besitz des geliebten Elternteils und Ausschaltung des elterlichen Rivalen zielen.

ökonomisch: Alles, was der Hypothese Rechnung trägt, daß den psychischen Vorgängen eine Energie zugrunde liegt.

Paranoia: Verfolgungswahn

Perversion: Im weitesten, nicht abwertenden Sinne alle sexuellen Aktivitäten, die von der genitalen heterosexuellen Betätigung abweichen, also zum Beispiel auch das Küssen

Projektion: Die Wahrnehmung von Anteilen des eigenen Unbewußten an anderen

Psychischer Apparat: Theoretisches Modell über den Aufbau und die Funktionsweise der menschlichen Seele

Psychose: Psychische Erkrankung, in der das Verhältnis zur Realität wesentlich gestört ist; die Wahrnehmung der Wirklichkeit ist systematisch verzerrt.

Rationalisierung: Form der Abwehr, in welcher das Individuum seinen unbewußt motivierten Handlungen, Einstellungen etc. den Anstrich eines rein vernünftig begründeten Verhaltens gibt. Wenn man die Erkenntnisse der Psychoanalyse ernst nimmt, muß man in der Rationalisierung eine eigentlich unvermeidbare und allgegenwärtige Abwehrform erkennen, die etwas wie »Wissenschaft« allererst hervorbringt.

Sexualität: Gesamtheit aller auf Lust gerichteten Aktivitäten, die nicht auf Befriedigung eines rein physiologischen Bedürfnisses reduzierbar sind, sondern über dieses hinausgehen. Das wichtigste Beispiel für die kindliche Sexualität ist die Aktivität des Saugens, das auf eine Lust zielt, die sich gegenüber der bloßen Stillung des Hungers an der Brust verselbständigt.

Symbolierung: Darstellung eines Inhalts durch einen anderen, der in einer mehr oder minder entfernten Ähnlichkeitsbeziehung zu jenem steht.

Todestrieb: In Freuds letzter Triebtheorie die der Psyche unterstellte Tendenz, zu einem spannungslosen (»anorganischen«) Zustand zurückzukehren; der Todestrieb steht im Gegensatz zu den Lebenstrieben (Sexualität und Selbsterhaltung), ist mit diesen jedoch gemischt und äußert sich nach außen in der Form der Aggression.

Trauerarbeit: Schmerzhafter Prozeß, in dessen Verlauf das Individuum anerkennt, daß die von ihm geliebte

Person für ihn verloren ist und seine Liebe für andere Objekte wieder verfügbar wird.

Trauma: Erlebnis, durch welches ein Individuum psychisch überwältigt wird, da es darauf nicht adäquat reagieren kann. Das Trauma im psychoananalytischen Sinn entbehrt eines objektiven Maßstabs, sondern bemißt sich allein am subjektiven Erleben.

Trieb: Innerer Drang, einen inneren körperlichen Reiz zu überwinden

Über-Ich: Repräsentiert im Inneren der Psyche die Forderungen der Eltern an das Kind

Übertragung: Wiederbelebung früherer Wünsche an neuen Objekten. Die Ü. ist allgegenwärtig, in der analytischen Kur jedoch unterliegt sie besonderer Reflexion.

Unbewußtes: Gesamtheit der verdrängten psychischen Inhalte

Verdrängung: Ein dem Subjekt selbst unbewußter Prozeß, durch den Vorstellungen vom Bewußtsein ausgeschlossen werden

Verneinung: Form, in der das Verdrängte dem Inhalt nach zum Bewußtsein zugelassen, jedoch nicht anerkannt wird: »Die Mutter ist es nicht.«

Widerstand: Psychische Kraft, welche sich dem Bewußtwerden des Unbewußten widersetzt.

Wiederholungszwang: Drang, auch unlustvolle Erlebnisse, statt zu erinnern, erneut zu inszenieren

Bibliographie

Die genannten Werke stellen keineswegs eine Auswahlbibliographie zu Sigmund Freud und seinem Werk dar; es handelt sich dabei lediglich um jene Titel, die bei der Abfassung dieses Buches in irgendeiner Form berücksichtigt wurden. Freuds Schriften werden nach den Gesammelten Werken zitiert.

Werke

Gesammelte Werke. 18 Bände und ein unnumerierter Nachtragsband. Frankf. a.M. 1960ff.
Die umfassendste deutschsprachige Ausgabe

Studienausgabe. Zehn Bände und ein unnumerierter Ergänzungsband. Frankf. a.M. 1969–1975
Kommentierte Ausgabe der Schriften Freuds, kommt dem Ideal einer bislang noch nicht realisierten historisch-kritischen Ausgabe am nächsten

Briefe 1873–1939. Frankf. a.M. 1960
Erste Ausgabe mit Briefen an verschiedene Adressaten

Sigmund Freud – Karl Abraham. Briefe 1907–1926. Frankf. a.M. 1965

Sigmund Freud – Lou Andreas-Salomé. Briefwechsel. Hg. v. Ernst Pfeiffer. Frankf. a.M. 1966

»Selbstdarstellung«. Schriften zur Geschichte der Psychoanalyse. Hg. u. eingel. von Ilse Grubrich-Simitis. 2. Korr. Aufl. Frankf. a.M. 1975
Enthält die Jugendbriefe an Emil Fluß

Sigmund Freud – Oskar Pfister. Briefe 1909–1939. Frankf. a.M. 1963

Brautbriefe. Briefe an Martha Bernays aus den Jahren 1882–1886. Ausgew., hg. u. Vorw. von Ernst L. Freud. Frankf. a.M. 1968

Brautbriefe. Briefe an Martha Bernays aus den Jahren 1882–1886.

Ausgew., hg. u. m. einem Vorw. von Ernst L. Freud Frankf. a.M. 1968
Sigmund Freud – Arnold Zweig. Briefwechsel. Frankf. a.M. 1968
Sigmund Freud – Edoardo Weiss. Briefe zur psychoanalytischen Praxis. Mit den Erinnerungen eines Pioniers der Psychoanalyse. Vorbemerkung und Einleitung von Martin Grotjahn. Frankf. a.M. 1973
Sigmund Freud – C.G. Jung. Briefwechsel. Frankf. a.M. 1974
Georg Groddeck, Sigmund Freud: Briefwechsel. Wiesbaden u. München 1985
Briefe an Wilhelm Fließ. 1887–1904. Ungekürzte Ausgabe. Hg. von Jeffrey Moussaieff Masson. Bearbeitung der deutschen Fassung von Michael Schröter. Transkription von Gerhard Fichtner. Frankf. a.M. 1986
Jugendbriefe an Eduard Silberstein. 1871–1881. Hg. v. Walter Boehlich. Frankf. a.M. 1989
Sigmund Freud – Ludwig Binswanger. Briefwechsel 1908–1938. Hg. v. Gerhard Fichtner. Frankf. a.M. 1992
Zur Auffassung der Aphasien. Eine kritische Studie. Hg. v. Paul Vogel. Bearb. V. Ingeborg Meyer-Palmedo. Einl. V. Wolfgang Leuschner. Frankf. a.M. 1992
Sigmund Freud – Sándor Ferenzi. Briefwechsel. Hg. v. Eva Brabant, Ernst Falzeder und Patrizia Gampieri-Deutsch. 1993ff.
The Complete Correspondance of Sigmund Freud and Ernest Jones. Ed. By. R. Andrew Paskaukas. Introduction by Riccardo Steiner. Cambridge, Mass., London 1993
Schriften über Kokain. Hg. U. eingel. v. Albrecht Hirschmüller. Frankf. a.M. 1996
Tagebuch 1929–1939. Kürzeste Chronik. Hg. u. eingel. v. Michael Molnar. Frankf. a.M., Basel 1996
Enthält zahlreiche Fotos und gründliche Informationen zu Freuds Leben der letzten zehn Jahre

Biographisches

Siegfried Bernfeld und Suzanne Cassirer Bernfeld: Bausteine der Freud-Biographik. Frankf. a.M. 1981
Ronald W. Clark: Sigmund Freud. Frankf. a.M. 1981
Ernst u. Lucie Freud, Ilse Gubrich-Simitis (Hg.): Sigmund Freud. Sein Leben in Bildern und Texten. Mit einer biographischen Skizze von Kurt R. Eissler. Frankf. a.M. 1976
Entzählt zahlreiches Bildmaterial
Martin Freud: Sigmund Freud. Man and Father. New York 1958
Amüsant zu lesende Einblicke in das Privatleben durch den ältesten Sohn, vor allem ein Buch über die Ferien der Familie, und was mglw. nicht wahr ist, ist zumindest gut erfunden.
Peter Gay: Freud. Eine Biographie für unsere Zeit. Frankf. a. M. 1987
Peter Gay: Freud entziffern. Frankf. a.M. 1992
Ernest Jones: Sigmund Freud. 3 Bände. München 1984
Die klassische Freud-Biographie aus den fünfziger Jahren
Marianne Krüll: Freud und sein Vater. Frankf. a.M. 1992
Hans-Martin-Lohmann: Sigmund Freud. Reinbek bei Hamburg 1998
Luzifer-Amor. Zeitschrift zur Geschichte der Psychoanalyse. Heft 3. Freudbilder. Annäherungen an eine historische Gestalt. Tübingen 1989 (darin: Anna Freud Bernays: Mein Bruder Sigmund Freud und Judith Bernays Heller: Freuds Mutter und Vater)
Octave Mannoni: Freud. Reinbek bei Hamburg 1971

Max Schur: Sigmund Freud. Leben und Sterben. Frankf. a.M. 1982
Der Autor war Freuds Hausarzt

Christfried Tögel: Berggasse – Pompeji und zurück. Sigmund Freuds Reisen in die Vergangenheit. Tübingen 1989

Christfried Tögel: »Bahnstation Treblinka«. In: Psyche 11/1990, S. 1019ff.

Christfried Tögel: »...und gedenke die Wissenschaft auszubeuten«. Sigmund Freuds Weg zur Psychoanalyse. Tübingen 1994

Christfried Tögel: Freuds Wien. Eine biographische Skizze nach Schauplätzen. Wien 1996
Eine Art Reiseführer für Freud-Fans

Sonstige Literatur

Lisa Appignanesi und John Forrester: Die Frauen Sigmund Freuds. München 1994
Eine Geschichte der Psychoanalyse unter besonderer Berücksichtigung der Frauen

Detlef Berthelsen: Alltag bei Familie Freud. Die Erinnerungen der Paula Fichtl. Mit einem Nachw. von Friedrich Hacker. Hamburg 1987

Mikkel Borch-Jacobsen: Anna O. zum Gedächtnis. Eine hundertjährige Irreführung. München 1997

Elisabeth Bronfen: Das verknotete Subjekt. Hysterie in der Moderne. Berlin 1998

Deutsch-Jüdische Geschichte der Neuzeit. Bd. II. Emanzipation und Akkulteration. 1780–1871. Von Michael Brenner, Stefi Jersch-Wenzel u. Michael Meyer. München 1986

Georges Didi-Huberman: Die Erfindung der Hysterie. Die photographische Klinik von Jean-Martin Charcot. München 1997

Henry F. Ellenberger: Die Entdeckung des Unbewußten. Geschichte und Entwicklung der dynamischen Psychiatrie von den Anfängen bis zu Janet, Freud, Adler und Jung. Vom Autor durchges. zweite, verbesserte Taschenbuchauflage. Zürich 1996
Das Werk zur Geschichte der Theorie des Unbewußten schlechthin

Edmund Engelmann: Berggasse 19. Das Wiener Domizil Sigmund Freuds. Vorwort v. Peter Gay. Bildbeschreibungen von Rita Ransohofff. Stuttgart, Zürich 1977
Fotos der Freudschen Wohnung kurz vor der Emigration nach Wien

Mario Erdheim: Freud und die Wiener Decadence. In: Psyche 35, S. 857ff. u. 1006ff.

Mario Erdheim: Die gesellschaftliche Produktion von Unbewußtheit. Eine Einführung in den ethnopsychoanalytischen Prozeß. Frankf. a.M. 1982
Beleuchtet u.a. sehr sorgfältig und instruktiv das kulturelle Umfeld, in dem Freud die Psychoanalyse entwickelte.

Jean-Baptiste Fages: Geschichte der Psychoanalyse nach Freud. Frankf. a.M., Berlin, Wien 1981

Anna Freud: Briefe an Eva Rosenfeld. Hg. v. Peter Heller. Basel, Frankf. a.M. 1994

Brigitte Hamann: Hitlers Wien. Lehrjahre eines Diktators. München 1996

Bernhard Handlbauer: Die Adler-Freud-Kontroverse. Frankf. a.M. 1990

Gerd Kimmerle: Freuds Traumdeutung. Frühe Rezensionen 1899–1903. Tübingen 1986

J. Laplanche und J.-B. Pontalis: Das Vokabular der Psychoanalyse. 2 Bände. Frankf. a.M. 1972
Die Psychoanalyse dargestellt in ihren zentralen Begriffen, ein Standardwerk

Jean Laplanche: Die allgemeine Verführungstheorie. Tübingen 1988

Lydia Marinelli (Hg.): »Meine alten

und dreckigen Götter«. Aus Sigmund Freuds Sammlung. Wien 1998

Humberto Nagera: Psychoanalytische Grundbegriffe. Eine Einführung in Sigmund Freuds Terminologie und Theoriebildung. Frankf. a.M. 1976

Bernd Nitzschke: Aufbruch nach Inner-Afrika. Essays über Sigmund Freud und die Wurzeln der Psychoanalyse. Göttingen 1998

Heinz Politzer: Hatte Ödipus einen Ödipuskomplex? München 1974

Protokolle der Wiener Psychoanalytischen Vereinigung. 4 Bände. Frankf. a.M. 1976ff.

Marthe Robert: Sigmund Freud zwischen Moses und Ödipus. Die jüdischen Wurzeln der Psychoanalyse. Frankf. a.M., Berlin, Wien 1972

Elisabeth Roudinesco: Wien-Paris. Die Geschichte der Psychoanalyse in Frankreich. Weinheim u.a. 1994

Hanns Sachs: Freud. Meister und Freund. Mit einem Nachwort von Peter Krumme. Frankf. a.M., Berlin, Wien 1982

Jürgen vom Scheidt: Freud und das Kokain. Die Selbstversuche Freuds als Anstoß zur ›Traumdeutung‹. München 1973

Peter Schneider: »Freuds Heimat im Exil«. In: Psychologie Heute 2/1983, S. 44ff.

Peter Schneider: Freud, der Wunsch, der Mord, die Wissenschaft und die Psychoanalyse. Frankf. a.M. 1991

Peter Schneider, Daniel Strassberg, Olaf Knellessen, Peter Passett: Freud-Deutung. Traum-Narzißmus-Objekt-Religion. Mit einem Vorwort von Samuel Weber. Tübingen 1994

Peter Schneider: Wahrheit und Verdrängung. Eine Einführung in die Psychoanalyse und die Eigenart ihrer Erkenntnis. Berlin 1995

Sigmund Freud Museum. Wien IX. Berggasse 19. Katalog. Hg. v. Harald Leupold-Löwenthal, Hans Lobner u. Inge Scholz-Strasser. Wien 1994

Harry Stroeken: Freud und seine Patienten. Frankf. a.M. 1992
Wer mehr über Freuds wichtigste Fälle erfahren will, wird hier fündig.

Gerhard Wittenberger: Das »Geheime Komitee« Sigmund Freuds. Institutionalisierungsprozesse in der Psychoanalytischen Bewegung zwischen 1912 und 1927. Tübingen 1995

Yosef Hayim Yerushalmi. Freuds Moses. Endliches und unendliches Judentum. Berlin 1991
Untersucht Freuds Verhältnis zum Judentum

Elsabeth Young-Bruehl: Anna Freud. Eine Biographie. Erster Teil: Die Wiener Jahre. Wien 1995

Bildnachweis

Alinari, Florenz 47
Archiv für Kunst und Geschichte, Berlin 1, 9, 10, 11, 13, 14, 16, 17, 20, 29, 30, 33, 40, 54, 56, 61, 70
Deutsche Post, Generaldirektion 36
Filmmuseum München 46
A.W. Freud et al, by arrangement with Mark Paterson & Associates, Colchester 2, 3, 4, 7, 8, 12, 22, 23, 37, 39, 42, 43, 49, 55, 60, 64, 65, 74, 76, 77, 82
The Scriptorium, Buyers, Sellers, Appraisers of Original Letters, Documents & Manuscripts of Famous People, Beverly Hills 27
Archiv des Sigmund Freud Museums Wien 5, 6, 21, 24, 28, 31, 41, 44, 48, 52, 58, 72, 78, 79
Ullstein Bilderdienst, Berlin (Ullstein – Sigmund Freud Copyrights Ltd.) 38, 59, 66, 73, 75
Peter Schneider 62, 63, 67, 80, 83
© 1999 VG Bild-Kunst, Bonn 81

Die Rechte der hier nicht aufgeführten Abbildungen konnten nicht ermittelt werden. Berechtigte Ansprüche werden selbstverständlich angemessen abgeglichen.

Register

Dank

Ich danke Lydia Marinelli, Kuratorin am Wiener Freud-Museum, Berggasse 19, für ihre großzügige Hilfe bei meinen Recherchen sowie Lioba Waleczek für ihr sorgfältiges Lektorat. Mein Dank gilt darüber hinaus Mark Paterson und Thomas Roberts von SIGMUND FREUD COPYRIGHTS und dem S. Fischer Verlag, Frankfurt a.M.

dtv portrait

Herausgegeben von Martin Sulzer-Reichel
Originalausgaben

Biographien bedeutender Frauen und Männer aus Geschichte, Literatur, Philosophie, Kunst und Musik

Hildegard von Bingen
Von Michaela Diers
dtv 31008

Otto von Bismarck
Von Theo Schwarzmüller
dtv 31000

Die Geschwister Brontë
Von Sally Schreiber
dtv 31012

Georg Büchner
Von Jürgen Seidel
dtv 31001

Annette von Droste-Hülshoff
Von Winfried Freund
dtv 31002

Elisabeth von Österreich
Von Martha Schad
dtv 31006

Theodor Fontane
Von Cord Beintmann
dtv 31003

Johann Wolfgang von Goethe
Von Anja Höfer
dtv 31015

Alfred Hitchcock
Von Enno Patalas
dtv 31020

Immanuel Kant
Von Wolfgang Schlüter
dtv 31014 (i. Vb.)

Erich Kästner
Von Isa Schikorsky
dtv 31011

Heinrich von Kleist
Von Peter Staengle
dtv 31009

Gotthold Ephraim Lessing
Von Gisbert Ter-Nedden
dtv 31004

Stéphane Mallarmé
Von Hans Therre
dtv 31007

Edgar Allan Poe
Von Frank Zumbach
dtv 31017

Rainer Maria Rilke
Von Stefan Schank
dtv 31005

John Steinbeck
Von Annette Pehnt
dtv 31010

Johan August Strindberg
Von Rüdiger Bernhardt
dtv 31013